GU KOMPASS

Elisabeth Bonneau

Smalltalk

- Nie um Worte verlegen
- Einfach Kontakte knüpfen

Die Autorin

Elisabeth Bonneau ist Kommunikationstrainerin mit über 25 Jahren Erfahrung in der Aus- und Weiterbildung in Deutschland, Luxemburg und der Schweiz. Zu ihren Kunden zählen u. a. die Deutsche Bank, McKinsey & Company, die Universität Sankt Gallen, DaimlerChrysler, die HypoVereinsbank und die Zürich Versicherungen.

Als erfolgreiche Buchautorin zum Thema gewandtes Auftreten in Beruf und Gesellschaft ist Elisabeth Bonneau ein gefragter Gast im Fernsehen und bekannt durch zahlreiche Veröffentlichungen in der Fach- und Publikumspresse.

→ Check-in

Sie möchten auf Ihre Fragen kurze, prägnante und vor allem verlässliche Antworten erhalten. Dieser GU Kompass bietet Ihnen schnelle Hilfe in allen Situationen, die kein langes Zaudern und Zögern gestatten. Ob unterwegs in der Jackentasche oder immer griffbereit am Arbeitsplatz: Jeder Titel dieser Reihe informiert Sie übersichtlich, aktuell, kompetent und lösungsorientiert.

- Jeder Sachverhalt wird auf einer Doppelseite geklärt. Suchen Sie Ihre Fragestellung, Ihr Stichwort, Ihr Problem im Inhaltsverzeichnis und steigen Sie einfach ein.
- Falls Sie unter großem Zeitdruck stehen und nur das Allernotwendigste nachschlagen möchten, halten Sie sich an das im Inhaltsverzeichnis optisch hervorgehobene „Last-Minute-Programm". Es zeigt Ihnen, worauf Sie keinesfalls verzichten sollten.
- Nutzen Sie den Service-Teil mit seinen ergänzenden Dokumenten sowie weiterführenden Hinweisen zu Büchern und Adressen, um bestimmte Aspekte zu vertiefen.

Smalltalk ist weit mehr als nur oberflächliches Geplauder über das Wetter. Smalltalk öffnet Türen, fördert ein gutes Gesprächsklima und ermöglicht Annäherung. Dieser GU-Kompass hilft Ihnen, bei gesellschaftlichen Anlässen nicht länger stumm wie ein Fisch in der Ecke zu stehen. Er zeigt Ihnen, wie Sie ungezwungen ins Gespräch kommen, eine gemeinsame Basis schaffen, mühelos von einem Thema zum nächsten wechseln und selbst schwierige Gesprächssituationen souverän meistern. Zahlreiche wertvolle Tipps zu Rhetorik und Körpersprache sowie ein großer Selbst-Test unterstützen Sie dabei.

Inhalt

→ **Last-Minute-Programm**

Die wichtigsten Punkte im Überblick!

Die farblich und durch Pfeile → gekennzeichneten Abschnitte bilden das Last-Minute-Programm. Halten Sie sich daran, wenn Sie sich auf das Notwendigste beschränken müssen.

Den Kontakt halten

Wenn's richtig schwierig wird

Service

1. Die große Kunst des kleinen Gesprächs

Manche Menschen mögen Smalltalk nicht. Sie nehmen sich dadurch jedoch die Chance, durch einen unverbindlichen Austausch Nähe mit wenig vertrauten Personen herzustellen.

Smalltalk öffnet Türen

Schon Schüler erleben, dass Plaudertaschen oft bessere Noten für mündliche Leistungen bekommen als die Gewissenhaften. Mancher verlässt dann die Schule mit der Überzeugung, das Leben sei ungerecht.
Später entnimmt der Absolvent von Schule oder Universität seinem ersten Bewerbungsratgeber die ausdrückliche Empfehlung, sich ausgerechnet in Smalltalk fit zu machen: „Mit einer freundlichen Plauderei nehmen Sie die erste Hürde bei der Kandidatenauswahl" heißt es da. Ist denn da doch etwas dran – an der Kunst des verbalen Pingpong-Spiels?
Im Berufsleben angekommen, erkennt der Zweifler, dass sich nicht nur beim Aufstieg in die Wirtschaftselite bei gleicher Leistung Ähnlichkeit als Plus, Unähnlichkeit als Minus auswirkt. Wo aber lassen sich Ähnlichkeit und Zugehörigkeit leichter demonstrieren als im Smalltalk?

Smalltalk – eine Definition

Oberflächlich oder unterhaltsam? Locker oder nichtssagend? Leicht oder seicht? Für eine wertneutrale Betrachtung ist es klug, den Smalltalk zu definieren. Wir verstehen ihn als eine Form der Unterhaltung, die

- den Beteiligten erlaubt, sich in ihrem besten Licht zu zeigen, und daher
- ein gutes Gesprächsklima fördert, das
- Annäherung ermöglicht, aber nicht erzwingt.

In der weder thematisch gebundenen noch zielgerichteten Unterhaltung können Informationen über Personen und ihr Umfeld geliefert und ermittelt werden, können Zeit und peinliche Stille überbrückt und unbeabsichtigte Grenzüberschreitungen abgemildert werden. Smalltalk öffnet Türen, gewährt Einblicke – und erlaubt, die Türen bei mangelndem Interesse ohne Gesichtsverlust wieder zu schließen.
Smalltalk ist

- ein Einstieg, eine Brücke und ein versöhnlicher Abschluss
- bei Begegnungen beruflicher, gesellschaftlicher oder privater Natur
- mit wenig vertrauten oder unbekannten Personen.

Die ideale Zeitspanne

Die Dauer des Smalltalk wird meist durch die äußeren Umstände bestimmt: vor dem Meeting, zum Beginn einer Beratung, beim Gang zum Besprechungszimmer, beim Warten auf das Essen im Restaurant. Nehmen wir die Definition vom Smalltalk als Eisbrecher ernst, gilt: Im Idealfall ist der Smalltalk kurz. Gelingt es Ihnen trotz geschicktem Smalltalk in den ersten 10 bis 15 Minuten einer Begegnung nicht, das Eis zu brechen und Themen zu entdecken, die allen Gesprächsteilnehmern am Herzen liegen – lassen Sie es lieber bleiben und suchen Sie einen eleganten Ausstieg.

Vorsicht Fettnäpfchen!

Smalltalk ist eine Kommunikationsform unter vielen. Smalltalk hilft Ihnen, den prägenden ersten Eindruck positiv zu gestalten. Deshalb ist Smalltalk für enge Beziehungen mit Freunden und Familienmitgliedern nicht geeignet: Entweder Ihre Beziehung ist so gefestigt, dass Sie keine Türen mehr öffnen müssen, oder die Türen sind schon zugeschlagen; dann wird Ihnen auch Smalltalk nicht weiterhelfen können!

2. Was für ein Smalltalk-Typ sind Sie?

Lernen Sie Ihren bevorzugten Smalltalk-Stil kennen! Ausgerüstet mit diesem Wissen können Sie Ihre Stärken gezielt nutzen, ausbauen und ergänzen.

Mit diesem Fragebogen erkennen Sie, wo Ihre persönlichen Fettnäpfchen stehen und wie Sie sie künftig umgehen. Die Kategorien helfen Ihnen darüber hinaus, die bevorzugten Verhaltensstile anderer zu analysieren.
Achtung! Dies ist kein Test. Es gibt kein ideales Ergebnis, keine perfekte Punktzahl, kein „Richtig" und kein „Falsch". Bitte bearbeiten Sie diesen Fragebogen darum zügig und ehrlich – so wie Sie die Dinge einschätzen, nicht so wie Sie denken, dass Sie sie einschätzen sollten. Kreuzen Sie einfach die Aussagen an, die für Sie zutreffen.

Haben Sie das eine oder andere dieser geflügelten Worte – vielleicht unbewusst – in Begegnungen mit anderen im Hinterkopf?

	Ja	Smalltalk-Typ
Wo gehobelt wird, fallen Späne.		A
Jeder ist seines Glückes Schmied.		A
Allein machen sie dich ein.		B
Ein bisschen Schwund ist immer.		A
Man muss nicht Marketing machen – man muss seine Kunden lieben.		B
Wer zuerst kommt, mahlt zuerst.		A
Vergisst du den Kunden, hat er dich bereits vergessen.		B
Höflichkeit ist Klugheit, folglich ist Unhöflichkeit Dummheit.		B
Aufmerksamkeit und Liebe bedingen einander gegenseitig.		B
Lieber keinen Erfolg als keinen Entschluss.		A
Ein edler Mensch zieht edle Menschen an.		B
Wer zu spät kommt, den bestraft das Leben.		A

Machen Sie eine oder mehrere dieser Aussagen auch im Smalltalk immer wieder einmal?

	Ja	Small-talk-Typ
Das will ich mir genauer ansehen.		A
Das würde ich gern prüfen.		A
Das können wir ganz schnell klären.		A
Was kann ich für Sie tun?		B
Benötigen Sie noch etwas?		B
Darf ich Sie mit den Herren A und B bekannt machen?		B
Das hat Zeit.		A
Geben Sie nur her, ich mache das schon.		A
Ich erkläre Ihnen das gern noch einmal.		B
Das macht wirklich Spaß.		B
Ich hole noch ein paar andere Gäste dazu.		B
Ich mache das schnell selbst.		A

Schätzen Sie eine oder mehrere dieser Verhaltensweisen und Eigenschaften an anderen – auch am Anfang einer Begegnung?

	Ja	Small-talk-Typ
dynamisch, zügig, schnell		A
gewissenhaft, präzise, detailliert		A
fair, loyal, moralisch		B
sinnvoll, erprobt, bewährt		A
lustig, fröhlich, unterhaltsam		B
aktiv, lebendig, ehrgeizig		A
diplomatisch, höflich, kontaktfreudig		B
hilfsbereit, interessiert, aufmerksam		B
einfühlsam, taktvoll, rücksichtsvoll		B
verbindlich, gewinnend, gesprächig		B
herausfordernd, begeistert, entschlossen		A
beherrscht, zurückhaltend, vorsichtig		A

Addieren Sie nun bitte die mit „Ja“ gekennzeichneten Aussagen in den Gruppen A und B.

Summe „Ja“ bei A __________

Summe „Ja“ bei B __________

Die Auswertung finden Sie auf der nächsten Seite.

3. Die Auswertung des Fragebogens

Mit Sicherheit haben Sie bei beiden Buchstaben Punkte ermittelt. Bei einem der beiden Buchstaben haben Sie sicherlich eine höhere Punktzahl erreicht als bei dem anderen. Das weist auf Ihren Schwerpunkt hin.

Die Punkteverteilung

Je höher eine Punktzahl und je größer die Distanz zur anderen ist, desto eher handeln Sie in Begegnungen mit anderen Menschen nach einem durchgängigen und für diese erkennbaren Verhaltensmuster.
Liegen die Werte nah beieinander, greifen Sie je nach Rolle und Situation auf ein Verhalten zurück, das Ihnen angebracht erscheint. Ihre Gesprächspartner können nicht so leicht vorhersagen, wie Sie sich verhalten werden.

Verhaltensstil A: Aufgaben-orientiert

Sie stellen Ihre Kompetenz in den Dienst einer Sache. Es ist Ihnen wichtig, dass die Dinge geregelt werden. Inhalte, Wege und Ziele motivieren Sie mehr als die Personen, mit denen und für die Sie sie erledigen.

- Ausgedehnter Smalltalk gehört nicht zu Ihren Lieblingsbeschäftigungen.
- Ihnen ist der Austausch von Informationen und Meinungen lieber als der leichte Plauderton.
- Es ist für Sie völlig in Ordnung, wenn Sie bei einer Veranstaltung nicht im Zentrum des Geschehens stehen.

Nutzen Sie Ihre Fähigkeiten im Zusammenspiel mit Menschen, um die Beziehungsebene zu stärken und Distanz abzubauen.

Verhaltensstil B: Beziehungsorientiert

Takt, Verständnis für die Bedürfnisse anderer und das Erspüren von Stimmungen sind Ihre Stärken. Sie enttäuschen andere nicht und sind daher selbst enttäuscht, wenn Ihre Bemühungen um Nähe nicht honoriert werden.

- Sich mit Menschen auszutauschen, bereitet Ihnen Freude.
- Sie machen Smalltalk gern und – wenn Sie Ihren Idealismus und Ihre Begeisterung zügeln – auch sehr gut.
- Sie möchten den Erwartungen anderer entsprechen.

Setzen Sie Ihr Gespür konsequent ein und schlagen Sie auch Brücken zu Menschen, die nicht auf Ihrer Wellenlänge liegen!

Begegnungen der Stile A und B

Bevorzugen Sie Verhaltensstil A und möchten eine Person mit Stil B zum Smalltalk motivieren,

- zeigen Sie sich aufgeschlossen und hören Sie gut zu;
- präsentieren Sie sich als Person, nicht als Funktionsträger;
- schaffen Sie eine Vertrauensbasis.

Praktizieren Sie gern Stil B und haben im Smalltalk einen Vertreter von Stil A vor sich,

- wahren Sie Distanz;
- wecken Sie Interesse mit Informationen;
- geben Sie Ihren Aussagen eine logische Struktur.

Extra-Tipp

Menschen mit ähnlichen Verhaltensprofilen sind miteinander „in Phase“: Aufgabenorientierte Menschen kommen zur Sache, beziehungsorientierte Personen plaudern zuerst einmal. Lenken Sie Ihre Aufmerksamkeit auf Unterschiede, hier liegt Ihr Übungsfeld!

4. Smalltalk für Schüchterne

Zwar finden es manche Menschen süß, dass Sie leicht verlegen werden, aber Sie wollen sich nicht damit abfinden? Gehen Sie das Problem aktiv an.

Erster Schritt: Unwägbarkeiten reduzieren

Nur Abenteurer stürzen sich in Räume und auf Menschen zu, ohne die Lage zu sondieren. Es ist klüger, sich zurückzuhalten. Beobachten Sie von Ihrer sicheren Warte aus:

- Wo sind Personen, die Sie mehr oder weniger gut kennen? Gute Bekannte weisen Sie nicht ab. Wer aber sagt Ihnen, dass weniger gut Bekannte sich nicht mit Ihnen unterhalten wollen?
- Wer spricht viel mit anderen Personen, wer weniger? Gehen Sie eine Allianz mit einer anderen zurückhaltenden Person ein oder begleiten Sie einen kontaktfreudigen Helfer durch den Raum.
- Wer ist Ihnen sympathisch, wer nicht? Fangen Sie mit den Sympathischen an in der Hoffnung, die Sympathie ist beiderseitig. Oder üben Sie wie beim Bewerbungstraining an Personen, an denen Ihnen nichts liegt.

Zweiter Schritt: Handeln statt denken

Wer sich bei einer Party in die Küche flüchtet, kann sich nützlich machen und trifft dort auf Gleichgesinnte. Die Gefahr dabei: Sozial ängstliche Personen werden oft als abweisend wahrgenommen. Bleiben Sie lieber im Zentrum des Geschehens. Trinken Sie einen kühlen Schluck – das erfrischt; knabbern Sie etwas – das beruhigt.

Nutzen Sie dann gezielt Kontaktstrategien, die gesellige Menschen unbewusst auch einsetzen:

- langsam gehen, aufrecht stehen
- Blicke anbieten und ein Lächeln schenken (nicht grinsen)
- die Arme öffnen und den Oberkörper zuwenden

Dritter Schritt: Stärkenmanagement

Niemand ist immer verlegen. Wo tauen Sie leicht auf? Bei vielen Menschen ist das in diesen Begegnungen der Fall:

- Sie treffen überpünktlich bei einem Empfang/einem Vortrag/einem Meeting ein und profitieren davon, dass die ersten ankommenden Personen ihnen allein gehören.
- Sie sind gezielt ihrer Vorderfrau an der Supermarktkasse behilflich oder lassen den Hintermann vor. An deren Dank knüpfen sie eine Bemerkung über das Einkaufen im Allgemeinen oder dieses Geschäft im Besonderen.
- Sie bieten einem Mitreisenden an, den schweren Koffer ins Gepäckfach zu hieven. Sie schließen daran die Frage an, ob ein längerer Urlaub ansteht und/oder die Bemerkung, wie sie sich auf die Ferien freuen ...

Suchen Sie verstärkt solche Situationen auf und leiten Sie daraus Ihre ganz persönlichen Erfolgsstrategien ab. Hilft das nicht, kann eine paradoxe Anweisung die Rettung sein: Versuchen Sie bitte, rot zu werden, jetzt sofort, richtig tief rot! Es ist klar: Das geht nicht. Spüren Sie bei der nächsten unwägbaren Situation, dass Sie erröten, versuchen Sie, noch mehr zu erröten. Es geht genauso wenig!

Vorsicht Fettnäpfchen!

Haben Sie die Angewohnheit, sich an den Kopf zu fassen, umfassen Sie lieber locker einen Gegenstand; so sind Ihre Hände beschäftigt, und Sie wirken überhaupt nicht unsicher.

5. Denkübung für Smalltalk-Muffel

Für Sie ist das Leben zu kurz, um Ihre Zeit mit belanglosem Geplauder zu verschwenden? Wie Recht Sie haben! Nutzen Sie den Smalltalk sinnvoll!

Zum Glück gibt es Smalltalk

Macht ein soziales Netz glücklich? Eindeutig ist die Antwort der Forschung bisher noch nicht. Eine gute Chance hat das Glück, wenn drei Dinge zusammenkommen:

- befriedigende Beziehungen,
- Aufgeschlossenheit und
- die Fähigkeit, sich nicht zum Opfer seiner Stimmungen machen zu lassen.

Dabei sind manche für das Miteinander günstige Verhaltensweisen vermutlich mit ererbten Eigenschaften verknüpft: Geselligkeit und die Neigung, auf sein Äußeres zu achten, zählen dazu. Zum großen Teil aber werden Einstellungen und Verhaltensweisen im Lauf des Lebens gelernt. Wir sollten uns ihrer bewusst sein und unsere Ziele entsprechend formulieren – auch im Smalltalk.

Ein Ziel, das passt

Welches Ziel möchten Sie in der nächsten Situation erreichen, in der Sie Smalltalk machen müssen/dürfen? Da Ihre Gedanken Einfluss auf Ihre Wortwahl haben, formulieren Sie Ihr Ziel bitte genau, schreiben Sie es auf.
Ebenso formen Ihre Worte Ihre Gedanken. Analysieren Sie daher Ihre Definition unter folgenden Aspekten:

- Ist sie positiv formuliert? Ein Gehirn braucht eine klare Vorgabe.

- Können Sie Ihr Ziel selbst erreichen? Machen Sie sich nicht vom Verhalten anderer abhängig!
- In welchen Situationen wollen Sie Smalltalk sinnvoll betreiben? Grenzen Sie sie ein.
- Wie geht es Ihnen, wenn Sie sich in einer Begegnung wohl fühlen? Beschreiben Sie Ihr Körpergefühl in angenehmen sozialen Kontakten.
- Was könnte Sie hindern, Ihr Smalltalk-Ziel zu erreichen? Vielleicht fehlt Ihnen die passende Denkstrategie.

Smalltalk mit Sinn

Erfahrungsgemäß verhelfen diese Aspekte zu einer positiven Einstellung gegenüber Smalltalk:

- Zum Smalltalk gehören Talent und Training: Packen Sie's an.
- Smalltalk bietet günstige Voraussetzungen für einen unvoreingenommenen Austausch von Informationen: Lassen Sie sich auf eine kostenlose Entdeckungsreise durch die Welt des Wissens mitnehmen.
- Bilden Sie Hypothesen über Ihr Gegenüber, prüfen Sie diese; so verbessern Sie Ihre Menschenkenntnis.
- Gehen Sie analytisch vor: Nutzen Sie die Zeit des Smalltalks, um an Ihrer Gesprächstechnik zu feilen.
- Bereiten Sie die Informationen, die Sie geben wollen, adressatenorientiert auf. Ein aufgabenorientierter Gesprächspartner steigt in Ihre Gedankenwelt leichter ein, wenn Sie sich vernunftorientiert und sachlich äußern. Einen beziehungsorientierten Menschen jedoch überzeugen Sie von einer Idee eher, wenn Sie seine soziale Ader treffen.

Extra-Tipp

Überstürzen Sie nichts. Verstellen Sie sich nicht. Feilen Sie an Ihrer Denkstrategie so lange, bis sie zu Ihnen passt. Sie können nur gute Beziehungen haben, wenn Sie bei sich selbst sind!

6. Gute Themen: Gemeinsamkeiten

„Die Welt? Ein Dorf!" Diese intuitive Einschätzung ist inzwischen wissenschaftlich untermauert. Setzen Sie also voraus, dass Sie mit Ihrem Gegenüber irgendwelche Berührungspunkte haben.

Ganz konkret stellt allein schon die Tatsache, dass Sie und Ihr Gegenüber sich gleichzeitig an diesem Ort befinden, eine Gemeinsamkeit dar.

Der Anlass der Begegnung

Sachbezogene Smalltalker beziehen sich auf die konkreten Gegebenheiten der Geburtstagsfeier, der Messe, des Meetings und tauschen sich über deren Aspekte aus:

- Sinn und Zweck: der Grund für ihr Kommen, das Interesse an einem Thema, ihr Bezug zur Sache
- die Bewirtung: der Kaffee und die Kekse, der leichte Weißwein und die leckeren Lachsschnittchen
- der Raum: die Musik und die Bücher auf dem Sideboard, die Statik des Messestands und die moderne Skulptur
- der Anfahrtsweg: Verkehrsmittel, Straßenverhältnisse und Parkmöglichkeiten

Alle Punkte bieten die Gelegenheit zu gemeinsamen Beobachtungen unter dem Motto „ich auch", selbst wenn Sie unterschiedliche Dinge tun und mögen. Je öfter zwei Menschen sich gegenseitig zustimmen, desto solider ist die Plattform für einen Austausch auch zu anderen Themen.

Der nächste Schritt für Sie als Smalltalker mit Stil A ist oft das weitere Umfeld. Sie spielen „Stadt, Land, Fluss" unter anderen Vorzeichen als in der Kindheit, indem Sie geografische

Gegebenheiten und Besonderheiten auf den jeweiligen Anlass beziehen. Sie stellen sich beispielsweise beim gemeinsamen Blick aus dem Fenster die Fragen, ob einer von Ihnen die Brücke, die Sie da sehen, überquert hat, welche Stadtteile sie verbindet und wohin der Fluss fließt, den sie überspannt.

Gute Bekannte

Pflegen Sie hingegen im Smalltalk den beziehungsorientierten Stil, suchen Sie die Brücke zum Gegenüber auf dem zwischenmenschlichen Sektor: Beim Kommentar über den Anlass erwähnen Sie Ihren Bezug zu den Gastgebern, anderen Gästen, Veranstaltern, Mitarbeitern.
Sie stellen sich persönlich vor und nehmen die Vorstellung des Gegenübers als Aufhänger für Verbindungen:

- Sie kennen womöglich jemanden mit dem gleichen Nachnamen: „Gibt es da einen Zusammenhang?" (Bei gängigen Namen sollten Sie das aber lieber unterlassen.)
- Im Business-Umfeld schauen Sie sich die Visitenkarte an: In diesem Unternehmen kennen Sie X, in der Branche Y ...
- In dem erwähnten Wohn- oder Standort hatten Sie bestimmt schon einen Besuch gemacht oder wenigstens einmal jemanden kennen gelernt, der dort schon war und erzählte, dass ...
- Aus der Sprechweise hören Sie einen Hinweis auf die regionale Herkunft heraus, erwähnen und begründen das: Sie sind oft beruflich dort, haben dort eine Cousine ...

Vorsicht Fettnäpfchen!

Bleiben Sie ehrlich, richten Sie Ihr Fähnchen nicht nach dem Wind: Krampfhafte Versuche, Ähnlichkeit zu produzieren, schrecken Ihren Gesprächspartner ab. Generelle Gemeinsamkeiten und in den Nuancen Unterschiede – das ist der Stoff, aus dem Beziehungen wachsen können.

7. Was Freude macht: Freizeit-Interessen

Ziel des Smalltalk ist eine gute Atmosphäre. Da liegt es nah, ihn in Gefilde zu lenken, die bei den meisten Menschen angenehme Gefühle und Erinnerungen hervorrufen.

„Interesse" kommt vom lateinischen „interesse" – dabei sein: Finden Sie heraus, auf welchen Gebieten Ihr Gesprächspartner ganz bei der Sache ist!

Freizeit-Aktivitäten

Auch wer häufig über den Mangel an freier Zeit klagt, weiß doch ziemlich genau, was er täte, wenn er welche hätte. Zu den Leidenschaften, denen Menschen in dieser Zeit frönen, zählen:

- Sport: Ob Schwimmen, Reiten oder Tennis, ob einzeln oder im Verbund, ob aktiv oder vom Fernsehsessel aus – irgendeine Affinität zum Sport hat jeder. Das gilt zumindest so lange, wie Sie sich nicht negativ über einen speziellen Fußballclub äußern oder einen Golfer nach seinem Handicap fragen. Denn Glaubenssätze und Intimes sind tabu (→ 11. Finger weg: Tabuthemen).
- Hobbys: Der eine pflegt seinen Garten, der andere sammelt Münzen, wieder andere kochen, backen, singen im Kirchenchor oder basteln Segelflugzeuge. Die Modelleisenbahn nicht vergessen!
- Wellness: Von Ayurveda bis zu Kneipp'schen Kuren, von hawaiischen Lomi-Lomi-Ritualen bis zur Fußreflexzonenmassage – die Palette der Angebote mit der Zielsetzung „schön, fit und gesund" ist unerschöpflich. Von der Kehrseite der Medaille – „hässlich, unbeholfen und krank" – sollte jedoch nicht die Rede sein.

- Reisen: Rund 80 Prozent der Deutschen packen jedes Jahr ihre Koffer, Fern- und Kurzreisen nehmen zu, mehr als 50 Milliarden Euro geben sie dafür aus, immer mehr Reisende ziehen einen Urlaub nach Maß vor, Themenreisen haben eine feste Stammkundschaft. Wer diese Ergebnisse der Tourismusforschung berücksichtigt, lenkt den Smalltalk in die weite Welt. Vorsicht: Bei 80 Prozent der deutschen Reisenden ist sie bereits an den Grenzen der Bundesrepublik zu Ende.

Kunst und Kultur

Ob bei Party, Hochzeitsfeier oder Beerdigung, während der Autofahrt oder auf dem Fitness-Parcours – Musik begleitet unser Leben. Dabei unterscheiden sich die Geschmäcker gewaltig. Die Kluft allein zwischen (ernster) E- und U-(Unterhaltungs-)Musik ist tief und breit. Wie der Musikgeschmack, so unterscheiden sich auch die Vorlieben für die Gattungen der bildenden Kunst und Strömungen in den darstellenden Künsten.

Das alles ist jedoch kein Grund, Ihren Gesprächspartner nicht auf das Thema Kunst und Kultur zu lenken; thematisieren Sie einen groben Bereich – zum Beispiel „Musik" –, der auch Ihnen Spaß macht, und lassen Sie die konkreten Inhalte von ihm bestimmen.

Vorsicht Fettnäpfchen!

Schwärmt Ihr Gegenüber von einer Fernseh-Show mit den Kastelruther Spatzen, müssen Sie nicht gleich darüber klagen, dass Ihre Plätze bei den Salzburger Festspielen teurer geworden sind. Geht er ins Musical, lassen Sie zuerst einmal Ihr Ticket für die „Aida" in Verona außen vor. Und versteht er unter bildender Kunst etwas, das Sie als Kunsthandwerk bezeichnen würden: Beißen Sie sich auf die Lippen. Gehen Sie zu einem Thema über, das beiden Freude bereitet.

8. Unverfängliches aus Ihrem Alltag

Je selbstverständlicher der Smalltalk dahinplätschert, desto flüssiger kommt er voran und desto weniger wahrscheinlich ist, dass das Gespräch versiegt.

Lassen Sie darum einmal Revue passieren, was Ihren Alltag prägt. Mögliche Gesprächsthemen jenseits Ihrer Freizeitgestaltung könnten sein:

- arbeiten und sich fortbewegen,
- einkaufen, essen und trinken,
- wohnen.

Anderen geht es nicht anders. Thematisieren Sie dies, können Sie mit Ähnlichkeiten rechnen, die das Gespräch zusammenhalten, und mit Unterschieden, die es spannend machen.

Arbeiten und sich fortbewegen

Beziehen Sie sich (→ 10. Das besser nicht: heikle Themen) bei Fremden nicht auf berufliche Inhalte. Sprechen Sie lieber über das Unternehmen, die Branche, die Märkte oder die Wirtschaft allgemein. Lassen Sie ihnen die Wahl, warten Sie ab.

„Wie gut, dass es mehr Radwege gibt." „Die Parksituation vor der Musikschule wird immer brisanter." „In der Business Class gab es kein Nachrichtenmagazin mehr." Was immer Sie von sich geben, kann natürlich Rückschlüsse auf Ihre finanzielle Situation, Ihr Umwelt- und damit politisches Bewusstsein oder Ihren beruflichen Status zulassen. Wollen Sie jedes dieser Risiken meiden, können Sie nicht mehr aus dem Haus gehen. Damit machen Sie dann allerdings erst recht eine eindeutige Aussage. Trauen Sie sich!

Einkaufen, essen und trinken

Zum einen sind viele Deutsche Schnäppchenjäger, zum andern wollen sie aber auch Qualität kaufen. Daher ist der Austausch von guten Adressen ein fruchtbares Feld. Ein aktuelles Spezialthema sind die Getränke von ALDI. So mancher kennt das Ergebnis einer Blindverkostung, in der der ALDI-Champagner hervorragende Ergebnisse erzielt hat – oder das Gegenteil. Genauso wissen viele einiges über Billigflüge oder Hedgefonds zu sagen: gute Ware für wenig Geld, wer will das nicht?
Schätzen Sie gutes Essen? Trinken Sie meist ein gepflegtes Gläschen Wein dazu? Dann praktizieren Sie sicher gern die gehobene Lebensart und befinden sich mit so gut wie jedem Gesprächsteilnehmer in bester Gesellschaft. Aber auch wer lieber eine rustikale Vesperplatte verspeist und dazu Bier und Korn trinkt, spricht gern über derartige Genüsse.

Wohnen

Dominiert in Ihrem häuslichen Umfeld Chrom oder Eiche? Landhaus-Stil oder ganz schwarz-weiß? Schlicht nach Bauhaus oder echt antik? Dabei ist es gar nicht bedeutsam, ob Sie der gleichen Stilrichtung huldigen wie Ihr Smalltalk-Partner. Der gemeinsame Blickwinkel bei unterschiedlicher Interessenlage hält das Gespräch in Gang. Zumal Stil nur ein Aspekt des Themenfelds ist: Der eine wohnt im Grünen, der Kinder wegen, die andere zentral, der Arbeit wegen, der dritte bei den Eltern ...

Vorsicht Fettnäpfchen!

Praktizieren Sie den beziehungsorientierten Gesprächsstil, laufen Sie Gefahr, gerade bei Ihnen selbstverständlichen Themen Ihren Gesprächspartner kommunikativ zu überfordern. Hören Sie genau hin, ob er nicht eher auf der Sachebene bleibt!

9. Immer auf dem Laufenden: Aktuelles

Wer beruflich stark eingebunden ist, hat es oft schwer, sich außerhalb seines Fachbereichs auf dem Laufenden zu halten. Wenn Sie im Smalltalk eine Rolle spielen wollen, ist das jedoch unabdingbar.

Zwar sind die Zeiten vorbei, in denen kommunikative Schlafmützen nach dem Prinzip „Wer den König langweilt, stirbt" geköpft wurden. Doch auch in unserer schnelllebigen Zeit wollen Menschen Neues, Spannendes hören. Selbst Menschen, die gern auf Nummer sicher gehen, werden durch das gesellschaftliche Umfeld auf Aktualität und Innovation verpflichtet. Darum ist alles, was sich wandelt, ein gutes Thema.

Die Nachrichten

Thematische Inputs gibt es in den unterschiedlichsten Magazinen jede Woche, in der Zeitung jeden Tag und in den Nachrichten stündlich. Sobald Sie Augen und Ohren öffnen, erfahren Sie Neues: wie das Wetter heute ist und morgen wird; wie sich Unternehmen hier und dort orientieren; welcher Film in welchem Kino läuft und wann, wo und wie sich Prominente finden und verlieren.

Einflüsse auf den Alltag

Da Menschen die Informationsflut ökonomisch selektieren müssen, ist nicht davon auszugehen, dass jeder alles aufgreift, was ihm dargeboten wird. Die von Ihnen erinnerten Nachrichten sind also nicht unbedingt mit denen Ihres Gesprächspartners identisch.
Was Menschen persönlich betrifft, merken sie sich leichter. Finden Sie also selbst einen Bezug zu dem, was Sie lesen

und hören, und lassen Sie im Gespräch mit Ihrem Gegenüber thematische Versuchsballons steigen. Betrifft auch ihn die Praxisgebühr? Oder ist es eher die Benzinpreiserhöhung? Bieten Sie Themen als Plattform an, um eine gemeinsame Interessenlage herauszuhören – ohne über das Portemonnaie der Beteiligten zu sprechen (→ 11. Finger weg: Tabuthemen). Auch das Internet beeinflusst unseren Alltag inzwischen entscheidend und bietet, da es ständig mit Innovationen aufwartet, jede Menge Gesprächsstoff: Welche junge Frau hätte vor ein paar Jahren schon daran gedacht, dass sie eines Tages ihr Brautkleid bei eBay würde ersteigern können?

Entwicklungen und Entdeckungen

Die Feuilleton- und Wissenschaftsseiten der Zeitungen sowie die Features am Ende der Nachrichtensendungen bieten einen gut gebündelten Einblick in einen unerschöpflichen Fundus. Hier erfahren Sie Beobachtungen und Studienergebnisse wie diese:

- Frauen träumen eher in Farbe als schwarz-weiß.
- Die meisten Menschen mögen den Montag nicht.
- Die meisten Frauen schnarchen, denken aber nicht, dass sie es tun.
- Das Gedächtnis schönt die Erinnerung an die „gute alte Zeit".
- Die meisten Raucher haben vergeblich versucht aufzuhören.

Vorsicht Fettnäpfchen!

Die Verbindung von Vorwissen und Ahnung auf der einen und Erstaunen auf der anderen Seite macht die Faszination von Aktuellem aus. Treten Sie nicht als Besserwisser auf und verkaufen Sie sich nicht unter Wert. Sind zum Beispiel die europäischen Adelshäuser Ihr Steckenpferd, berichten Sie die Neuigkeiten über die Royals vorsichtshalber zuerst einmal mit Distanz.

10. Das besser nicht: heikle Themen

Damit Ihnen Ihr Gegenüber beim Smalltalk nicht bald die „gelbe Karte" zeigt, vermeiden Sie Themen, die mit seinen Ansichten und seinem Privatleben zu tun haben.

Stellen Sie sich einen Eisberg vor. Nur die Spitze schaut aus dem Wasser, der weitaus größere Rest ist unter der Wasseroberfläche verborgen. Entsprechend gibt es bei einer Persönlichkeit Aspekte an der sicht- und hörbaren Oberfläche – Erscheinungsbild, Handlungen, Sprechweise. Sie werden von denen unterschieden, die im nicht unmittelbar beobachtbaren Bereich liegen und das konkrete Verhalten steuern. Hierzu zählen Hoffnungen, Wünsche, Träume, Ängste, Glaube, Moral und Wertmaßstäbe. Mit etwas Geschick

- hören Sie Botschaften zwischen den Zeilen heraus,
- ziehen Sie daraus Rückschlüsse, um das Verhalten verstehen zu können, und
- treffen Prognosen für den Fortlauf der Begegnung.

Der Versuch, einen Einblick zu erzwingen, wäre jedoch ein klarer Verstoß gegen die Regeln des Smalltalk-Spiels.

Politik

Bei einer Kundenveranstaltung zum neuen Steuergesetz können Sie sich als Bankberater kaum dem Thema Politik entziehen und bei einer Flugreise in den Nahen Osten wird immer auch die politische Lage ein Thema sein. Legen alle ihre Meinung auf den Tisch, dürfen Sie sich nicht bedeckt halten; das könnte Ihnen einerseits als Unwissen, andererseits als Mangel an Offenheit und Interesse ausgelegt werden. Wichtig: Beschränken Sie sich dabei auf die Sachebene.

Familie und Beruf

Verliebt, verlobt, verheiratet? Endlich geschieden, aus Überzeugung Single, ungewollt kinderlos? So prägend diese Informationen auch für den weiteren Verlauf einer Begegnung – zumal zwischen Frau und Mann im geschlechtsreifen Alter – sein könnten: Familiäre Bindungen sind als Einstieg in ein Gespräch eher riskant. Legt Ihr noch unbekanntes Gegenüber jedoch seine Beziehungskarten offen, können Sie das, wenn Sie mögen, ebenfalls tun.

Ähnliches gilt für den Beruf. Für manche ist es äußerst lästig, einseitig auf die Zugehörigkeit zu ihrer Berufsgruppe festgelegt zu werden:

- auf typische Vorurteile: „Als Lehrerin haben Sie ja sowieso ständig Ferien."
- auf nützliche Kompetenz: „Herr Doktor, was halten Sie von diesem Medikament?"
- auf beängstigende Fähigkeiten: „Als Psychologe haben Sie uns sicher längst durchschaut."

Diese Vorbehalte greifen jedoch nicht in jedem Rahmen. Die Kandidatin für den Gemeinderat wäre enttäuscht über einen Mangel an Interesse für den Verlauf ihrer Kampagne, genauso wie der Besucher einer Informationsveranstaltung irritiert wäre, wenn die Organisatoren ihn nicht nach seinem beruflichen Bezug zum Thema fragten.

Vorsicht Fettnäpfchen!

Gewährt ein Gesprächspartner Ihnen von sich aus unverhohlen Einblick in die Tiefen seiner Persönlichkeit? Teilen Sie sein Weltbild, dürfen Sie das als Erfolg verbuchen. Teilen Sie sein Weltbild nicht, halten Sie sich zurück. Vor Dritten schützen Sie Ihr Gegenüber und sich selbst vor zu viel Tiefgang.

11. Finger weg: Tabuthemen

Das Wissen um intime Details schweißt Menschen zusammen. Die Anfangsphase einer Begegnung ist für Intimitäten jedoch der falsche Platz: Die „rote Karte" wäre Ihnen sicher!

Das liebe Geld

Das Interesse an dem Besitz einer Person führt in Deutschland häufig auf Grundfragen zurück und ist darum im informellen Miteinander tabuisiert:

- die soziale Herkunft („alte Familie“ versus „Aufsteiger“)
- der Status („klug, geschickt und anerkannt“ versus „hat es zu nichts gebracht“)
- die Moral („anderen aus der Tasche gezogen“ versus „redlich verdient“)

Es ist hierzulande selten, dass Menschen sich einfach über das finanzielle Wohlergehen anderer freuen. Das ist in den USA anders, dort ist ein Mann, der sich sichtlich seines Reichtums erfreut, ein „klasse Typ“.
Verzichten Sie in Europa auf die Frage nach dem Preis des Sportwagens und der Höhe der monatlichen Raten für die Villa, sonst wird Ihnen schlimmstensfalls Neid unterstellt.
Ausnahmen bestätigen auch diese Smalltalk-Regel: Es liegt in der Natur das Sache, dass eine in der Gesellschaft angesehene Lady gern Auskunft über den Erfolg ihrer Spendensammlung für einen guten Zweck gibt.

Unser Körper

Trotz der sichtbaren Freizügigkeit in den Medien und im öffentlichen Raum ist die Peinlichkeitsschwelle beim Sprechen über die eigene Körperlichkeit weiterhin hoch. Tragen Sie dazu bei, dass im Smalltalk die Intimsphäre geschützt bleibt.

- Sexuelle Neigungen und Praktiken sind unter wenig vertrauten Menschen tabu: Kein Kommentar über Pornografie oder die anzüglichen SMS, die Sie auf Ihrem Handy finden! Behalten Sie auch Ihre Einschätzungen zur Ehe gleichgeschlechtlicher Personen zunächst einmal für sich.
- Nur wenige Menschen machen sich ausreichend Gedanken über ihr eigenes Ende und können gelassen darüber sprechen. Auch wenn Sie selbst diese Gelassenheit besitzen – bieten Sie das Thema „Tod" nicht an. Natürlich müssen Sie aber einem vertrauten Menschen kondolieren!
- Wer von seinem Klinikaufenthalt erzählt, erwartet, dass das auch für Sie ein Thema ist. Ohne diese Aufforderung kann das Thema Krankheit aber für Ihre Unterhaltung tödlich sein: Verschonen Sie andere mit Ihren Verdauungsproblemen! Hat ein Dritter Mundgeruch, sprechen Sie darüber bestenfalls – und nicht im Smalltalk – unter vier Augen mit ihm und nicht zu anderen über ihn.
- Behinderte reagieren möglicherweise allergisch, wenn Sie sie auf ihre Behinderung reduzieren. Sprechen Sie mit ihnen ihrer beruflichen oder gesellschaftlichen Rolle gemäß: als Kunden, Berater, Verkäufer, Passagiere, Verkehrsteilnehmer. Dass Sie gegebenenfalls Hilfe anbieten, bleibt davon unbenommen.

Vorsicht Fettnäpfchen!

Die Zugehörigkeit zu einer Religionsgemeinschaft kann das Verhalten sowie kulturelle und ethische Einstellungen grundlegend prägen. Thematisieren Sie den Glauben und die Normen einer Person deshalb nicht von sich aus, vor allem wenn Sie selbst keiner Glaubensrichtung angehören. Die Architektur sakraler Gebäude hingegen kann durchaus ein Thema sein.

12. Ein guter Auftritt

Nach derzeitigem Stand der Persönlichkeitsforschung haben die Gene keinen Einfluss auf ein selbstbewusstes Auftreten. Das bedeutet: Jeder kann es lernen. Ein Glück!

Die Wissenschaft belegt nur, was wir täglich mehr oder weniger bewusst wahrnehmen: Der erste Eindruck ist vorwiegend visuell und wird in Sekundenbruchteilen gefällt. Die folgenden Sekunden dienen der Bestätigung; danach wird die Informationssuche eingestellt. Was dem ersten und zweiten Eindruck widerspricht, wird größtenteils ignoriert.

Den Auftritt vorbereiten

Ein vorteilhafter Eindruck wird durch Nachlässigkeit erschwert: Die Einstellung zu dem Umfeld und den Zielpersonen ist diffus, die Konzentration – manchmal durch Gleichgültigkeit, oft durch Nervosität – geschwächt. Fragen Sie sich darum vor einer Begegnung:

- Was will ich von meinem Gesprächspartner, was darf er von mir erwarten? So definieren Sie Ihr Ziel. Sie können dadurch während eines Smalltalks die Richtung bestimmen und Ihren Erfolg messen.
- Bin ich in diesem Umfeld und in dieser Situation Hauptdarsteller, Mitspieler oder Statist? So klären Sie Ihre Rolle. Sie entscheiden entsprechend über den Platz, den die Beteiligten im Raum einnehmen, und die Zeit, die Sie den anderen geben und sich nehmen.
- Wo liegen meine Stärken? So bestimmen Sie Ihren Weg. Entsprechend sondieren Sie sorgsam in der Erwartung einer günstigen Gelegenheit oder gehen spontan auf andere zu. Da hilft der Leitsatz von Patch Adams – das ist der Arzt,

der im Clown-Kostüm den Humor ans Krankenbett brachte: „They are mine" – „Die gehören alle mir."

Ein gerader Rücken ...

„Halte dich gerade, Kind!" Wie oft haben wir das gehört. Als Erwachsene aber machen wir uns selten Gedanken über unsere Haltung. Viel zu oft halten sich viele von uns viel zu krumm. Das schadet nicht nur dem Rücken, sondern auch dem Bild, das wir bei anderen erzeugen. Mit krummem Rücken einen Besucher willkommen heißen, mit weichen Knien eine öffentliche Persönlichkeit ansprechen, mit hängenden Schultern Kontakt zu einer attraktiven Zielperson anbahnen – das kann nicht von Erfolg gekrönt sein. Da hilft schon eher der Physiotherapeuten-Tipp: „Wenn Sie einen Raum betreten, tun Sie so, als wollten Sie den Türrahmen berühren." Von da an geht alles wie von selbst:

- Beide Füße haben Bodenkontakt – das Körpergewicht nicht auf einen Fuß verlagern.
- Beide Knie sind locker – nicht angestrengt durchdrücken.
- Der Rücken ist gerade, doch nicht starr.
- Die Schultern bilden eine waagerechte Linie – nicht hochziehen, nicht einseitig fallen lassen.
- Beide Arme hängen offen in Körpernähe – nicht verschränkt.
- Der Hals ist gerade und locker – nicht angewinkelt, nicht nach vorn gestreckt.
- Der Kopf hat Luft und Raum, die Gedanken sind frei.

Extra-Tipp

Verzichten Sie darauf, ständig Ihre nonverbalen Signale zu prüfen und zu korrigieren. Sie würden bei Ihrem Gegenüber durch die permanente Kontrolle den Eindruck erwecken, Sie seien nicht bei der Sache. Und der wäre sogar richtig. Nehmen Sie eine grundsätzlich offene Haltung ein und behalten Sie sie bei.

13. Kontakte mit Vorgeschichte

Die Verbindung zu Personen aufnehmen, über die Sie bereits Vorwissen haben, ist schwer und leicht zugleich. Es ist leicht, weil Anknüpfungspunkte vorliegen, jedoch schwer, wenn Sie diese Punkte ignorieren.

Das Gedächtnis stützen

„Vergessen zeugt von einem Mangel an Wertschätzung; wer sich an mich erinnert, dem bin ich das wert." Kommunikationsprofis kennen diesen Mechanismus und bereiten sich auf wichtige Begegnungen entsprechend vor. So notieren Berater nach dem Gespräch mit einem Bestands-, Neu- oder potenziellen Kunden neben sachbezogenen Inhalten und Absprachen auch Notizen zu

- beruflichen oder privaten Plänen, zum Beispiel Projekte oder Bauvorhaben;
- geschmacklichen Vorlieben, zum Beispiel einer Zigarrensorte oder einem bestimmten Wein;
- Freizeitaktivitäten, zum Beispiel einer Vereinszugehörigkeit oder einem Hobby;
- Urlaubszielen und -beschäftigungen;
- persönlichen Terminen wie dem Geburtsdatum;
- anstehenden familiären Ereignissen wie Taufe oder Abitur.

Diese wertvollen – weil persönlichen – Notizen nutzen sie nicht nur für unmittelbare verkäuferische Aktivitäten. Sie frischen vielmehr damit vor einer anstehenden Beratung, Kundenveranstaltung oder Messe ihr Gedächtnis auf. Bei der Begegnung stellen sie so aus dem Stand einen Bezug zu Themen her, die dem Gegenüber am Herzen liegen, und sammeln automatisch Pluspunkte.

Achtsamkeit ist ein Zeichen für Beachtung: Fällt Ihnen bei einem Folgekontakt eine Veränderung auf? Sprechen Sie diese an. Vielleicht ist die Straßenführung geändert, hat das Gebäude einen neuen Anstrich. Vielleicht hat Ihre Gastgeberin eine neue Brille oder ein anderes Besteck.

Recherchieren

Kommunikationsprofis bereiten sich so gut wie möglich auch auf Begegnungen mit Fremden vor:

- Sie beschaffen sich Informationen von anderen, die bereits Kontakt zu der Person hatten. Sie lassen sich zum Beispiel von der Sekretärin über die Art der Anreise des Besuchers informieren, von der Beraterin über das Unternehmen, in dem der Kunde arbeitet, vom Gastgeber über die Hobbys des Tischnachbarn. Machen Sie es genauso. Sie haben dann die Wahl: Entweder Sie spielen mit offenen Karten und zitieren Ihre Quelle oder aber Sie lassen beiläufig eine Bemerkung zu diesem Thema fallen.
- Sie sammeln systematisch Medienberichte über Personen, die sie möglicherweise irgendwann irgendwo treffen werden. Sie blättern ihre Datenbank von Zeit zu Zeit durch und haben beim Erstkontakt so bereits einen „alten Bekannten“ vor sich: „Sie sind Frau Schulz? Von der Schulz & Schmidt GmbH? Da habe ich kürzlich gelesen ...“
- Sie durchforsten mit Gleichgesinnten – zum Beispiel Kollegen – eine Stadt und tauschen Wissen über interessante Menschen aus.

Vorsicht Fettnäpfchen!

Haben Sie eine Person nicht wiedererkannt, verlassen Sie sich nicht auf Ihr schauspielerisches Talent. Geben Sie das Missgeschick zu, bitten Sie um Verzeihung und Hilfe: „Wo war das noch? Helfen Sie mir bitte auf die Sprünge!“

14. Kaltstarts

Diplomaten wissen: Je öfter eine angesprochene Person „Ja" sagt, desto solider ist die gemeinsame Basis, auf der sie aufbauen können.

Entsprechend liegt die Kunst, eine fremde Person anzureden, vorrangig darin, sie auf Anhieb in eine Ja-Haltung zu lenken. Die Technik wiederum besteht darin, Aussagen zu machen oder Fragen zu stellen, die dem Gegenüber ein ausgesprochenes oder inneres „Ja" oder „Stimmt" entlocken.

Hilfe erbitten und anbieten

Arroganz stößt ab; Bescheidenheit hingegen macht sympathisch, weil sie dem Gegenüber seinen Platz und seinen Rang nicht streitig macht. Entsprechend ist die Bitte um Unterstützung ein gutes Mittel, anderen Status zuzuschreiben und sie glänzen zu lassen. Achtung: Sie muss unbedingt authentisch sein.

Bieten Sie Hilfe also nur an, wenn die Hilfsbedürftigkeit offensichtlich ist:

- Eine Frau hat eine Zigarette in der Hand und kramt in ihrer Handtasche? Da mag das Angebot „Darf ich Ihnen mein Feuerzeug ausleihen?" auf ein dankbares „Gern" treffen, vor allem wenn es von einer anderen Frau kommt.
- Ein Mann geht zielstrebig zur Theke? Er könnte das mütterliche Anerbieten „Suchen Sie etwas?" mit einem barschen „Nö" abschmettern. Schauen Sie gut hin, drängen Sie sich nicht auf.

Direkt und indirekt ansprechen

Sie laden zur Party, zum Kunden-Event, zur Konferenz? Als Veranstalter haben Sie die Pflicht, unbekannte Gäste anzusprechen. Der Fahrplan sieht vor, dass Sie

- zuerst den Tages- und Willkommensgruß entbieten: „Guten Abend, herzlich willkommen bei unserem Event." So entsprechen Sie den Erwartungen an die Höflichkeit.
- dann die gemeinsame Basis thematisieren: „Wir hatten noch keine Gelegenheit, uns kennen zu lernen."
- sich mit Ihrem Namen und Ihrer Funktion vorstellen: „Ich bin die Schwester des Bräutigams und hier beim Polterabend für die Getränke zuständig." So geben Sie Sicherheit über Ihre Identität.
- dem Gegenüber die Hand reichen. Ihre Sprechpause gibt ihm die Möglichkeit, Ihrem guten Beispiel zu folgen und Ihnen durch die Identifikation Anknüpfungspunkte zu bieten.

Sind Sie nicht in der glücklichen Lage, qua Amt Kontakt anzubieten? Auch dann können Sie die offensive Ansprache wählen. Als Gast steht Ihnen aber auch noch die indirekte Variante zur Verfügung.
Sie machen einen Gast aus, der etwas betrachtet. Das kann ein Kunstwerk sein, ein Informationsstand, eine Aussicht ... Sie positionieren sich neben ihm und nehmen sein Objekt ins Visier. Nach ein paar Sekunden kommentieren Sie es: „Herrlich!" „Ich hätte nicht gedacht, dass ..."
Interpretiert die Zielperson Ihre Äußerung als Selbstgespräch, verzichten Sie auf weitere Annäherungsversuche.
Hat sie Lust auf Kontakt, interpretiert sie Ihren Mini-Monolog als Appell und geht darauf ein. Ob Sie sich dann sofort vorstellen, erst während des Austauschs oder gar nicht, hängt von dessen Verlauf ab.

Vorsicht Fettnäpfchen!

Geben Sie Fremden gegenüber konkrete positive Kommentare über das Hier und Jetzt ab. Fordern Sie sie erst zu Geschmacksäußerungen heraus, wenn Sie die Personen einschätzen können.

15. Einlass in eine Gruppe finden

Die Höflichkeit gebietet, sich nicht aufzudrängen, Störungen zu vermeiden, Menschen nicht zu unterbrechen. Diese Gebote können die Kontaktaufnahme zu einer Gruppe jedoch erschweren.

Aber Sie besuchen ein Fest oder eine Konferenz doch nicht, um allein schweigend herumzustehen oder ausschließlich mit Bekannten zu reden!

- Definieren Sie Ihr Ziel: Sie wollen Kontakt, handeln Sie.
- Differenzieren Sie: Können Sie als Gastgeber oder Referent Gastfreundschaft oder Informationen anbieten, werden Sie niemals als Störenfried abgewertet, als Gleich- oder Nachrangiger sind Sie auf die Gunst der Gruppe angewiesen.
- Prüfen Sie: Ist Ihre Zielgruppe heterogen aus Frauen und Männern verschiedener Berufsgruppen mit unterschiedlichem Status zusammengesetzt? Dann werden Hinzukommende leicht integriert. Einer homogenen Gruppe vertrauter Personen jedoch muss ein Aspirant einen echten Informations- oder Statusgewinn bringen. Wählen Sie Ihre Gruppe entsprechend aus.

Eine Gruppe ansprechen

Sie können offensiv

- als Gastgeber in ein Gruppengespräch eingreifen: „Ich unterbreche Sie ungern. Gleichzeitig will ich aber nicht versäumen, Sie hier sehr herzlich zu begrüßen." Sind Sie unbekannt, stellen Sie sich vor.
- als Besucher um Aufklärung bitten: „Es tut mir sehr Leid, wenn ich Sie störe. Ich habe aber vorhin im Saal Ihre Diskussionsbeiträge gehört und würde Sie gern fragen ..."

- als Gast um Aufnahme bitten: „Guten Tag, Sie sind so munter im Gespräch, das gefällt mir, darf ich mich zu Ihnen gesellen/stellen/setzen?" Die Verbindung von positivem Kommentar und Bitte reduziert Widerstand gegen null.

Sich in eine Gruppe einladen lassen

Bevor Menschen Kontakt möchten, wollen sie sich in einem Raum zuerst einmal orientieren. Geben Sie anderen die Zeit, sich aus der Distanz ein Bild von Ihnen zu machen.

- Gehen, stehen, sitzen Sie in aufrechter Haltung, niemals mit verschränkten Armen, immer mit offenem Blick; das lässt Sie aktiv, konsequent und selbstbewusst erscheinen.
- Atmen Sie regelmäßig.
- Grüßen Sie im Vorbeigehen, halten Sie kleine Gespräche, so wirken Sie kommunikativ. Nehmen Sie zufällige Blicke von Gruppenmitgliedern auf. Erwidern Sie sie, begleiten Sie den Augenkontakt mit einem Lächeln und/oder einem Nicken.
- Interpretieren Sie die nonverbale Reaktion eines einzelnen Gruppenmitglieds darauf als Einladung, gehen Sie auf die Person zu, grüßen Sie sie.
- Hat sie einen aktiven Part in der Gruppe, lädt sie Sie gern zur Erweiterung ihres Publikums in die Gruppe ein.
- Spielt diese Person eher eine passive Rolle, schlagen Sie mit einem Blick in die Gesamtrunde eine Brücke zu ihr: „Wir kennen uns noch nicht ..." „Kann es sein, dass wir ..." Die angesprochene Person wird Sie entweder in die Gruppe einführen oder mit Ihnen zur Seite treten.

Extra-Tipp

Vermeiden Sie, sich in Ecken und an Wänden zu platzieren, Sie würden als Randfigur betrachtet. Setzen Sie sich etwas erhöht auf einen Barhocker oder machen Sie sich zur zentralen Figur, indem Sie gemächlich durch den Raum gehen.

16. Höhergestellte ansprechen

Ob Sie einen Menschen, den Sie für sich als „very important person" definieren, ungezwungen ansprechen, hängt davon ab, wie Sie die Differenz zwischen der Zielperson und sich selbst einschätzen.

Manche sehen eine „VIP" als so wichtig an, dass sie ihr unterwürfig entgegentreten; das schmälert die Attraktivität. Andere kompensieren ihre Ehrfurcht durch ein keckes Auftreten. Das wiederum würde eine höher gestellte Persönlichkeit als Übergriff interpretieren. Vorsicht!

Gemeinsamkeiten signalisieren

Ihre Gemeinsamkeit mit einer hochrangigen Persönlichkeit besteht in Inhalt und Umfeld des Anlasses Ihrer Begegnung. Weitere Gemeinsamkeiten können Sie

- in Erinnerung rufen: „Wir haben uns bei Familie Klein kennen gelernt; ich heiße Lisa Groß; Sie planten damals ..."
- in Aussicht stellen: „Wir sehen uns nächste Woche beim Symposion in der Stadthalle, bei dem Sie die Moderation übernehmen. Darf ich die Gelegenheit nutzen, um mich Ihnen bereits heute vorzustellen?"
- in der Gegenwart erzeugen: „Sie sind Herr Ministerialdirigent Huber, ich bin Karsten Lang; mein aktuelles Projekt tangiert Ihr Aufgabengebiet. Da fände ich es spannend, von Ihnen zu wissen, ob ..."

In den visuellen Medien Film und Fernsehen regiert das Gesetz „Bild sticht Ton". Es besagt, dass das Gesehene beim Zuschauer einen stärkeren Eindruck hinterlässt als das Gehörte. Diese Tatsache prägt auch das Miteinander: Praktizieren Sie

Gemeinsamkeit körpersprachlich; vermeiden Sie Demutsgesten wie einen gebeugten Rücken oder einen gesenkten Blick!

Besonderheiten herausstellen

Sie sind nicht der Einzige, der Kontakt zu Honoratioren, Politikern, Wirtschafts- und Meinungsführern oder Repräsentanten aus der Kunst- und Medienwelt sucht; unterscheiden Sie sich auf positive Weise von Ihren Mitbewerbern:

- Verhandeln Sie, statt zu flehen oder zu fordern: „Ich würde gern ... Ist das in Ihrem Sinne?“
- Teilen Sie Ziel und Grund Ihrer Kontaktaufnahme mit: „Ich würde gern ein persönliches Wort an Sie richten, weil ...“
- Verhandeln Sie über Zeitpunkt und Dauer des Kontakts: „... fünf Minuten, bevor Sie gehen oder jetzt gleich?“ Halten Sie sich daran.
- Beziehen Sie sich auf konkrete Begebenheiten oder Leistungen, zu denen Sie einen direkten Bezug haben: „Ihr Leitartikel spricht mir aus der Seele, weil ...“
- Erwähnen Sie gemeinsame persönliche Kontakte außerhalb des Rahmens, in dem die Begegnung stattfindet: „Ihre Tochter und meine Schwester studieren gerade zusammen in Cambridge.“
- Steht eine VIP in einer Gruppe, bringen Sie diesen Personen den gleichen Respekt entgegen wie ihr. Bilden Sie mit ihnen eine Interessengemeinschaft, stehen Sie auf der Seite der Verbündeten.

Extra-Tipp

Fällt es Ihnen schwer, eine Person, die Sie hoch achten, auf Ihre Ebene „herunterzuholen“? Stellen Sie sich vor, wie dieser Mensch durch den Wald joggt oder mit seinen Kindern Weihnachtssterne bastelt. Die Konzentration auf die menschliche Seite reduziert die Distanz.

17. Männer und Frauen

Smalltalk dient dazu, Beziehungen symmetrisch zu gestalten; Verhaltensweisen, die Asymmetrie erzeugen und bekräftigen, haben hier keinen Platz.

Geschlechterrollen wandeln sich

Unterschiedliche Gebote und Verbote für Mädchen und Jungen festigen von Kindesbeinen an geschlechtsspezifisches Verhalten: „Ein anständiges Mädchen tut das nicht", „Ein Indianer kennt keinen Schmerz"; im Erwachsenenleben zeigen sich die Unterschiede zum Beispiel in den alten Gesetzen der Höflichkeit: Der Herr muss – gentlemanlike – lenken und schützen, die Dame – ladylike – seine Angebote annehmen. Eine dezente Zurückhaltung wird ihr entsprechend auch im Gespräch auferlegt. Immer mehr Frauen besetzen nun aber gehobene soziale Positionen. Entsprechend treten geschlechtsspezifische Verhaltensunterschiede immer häufiger hinter den berufsbedingten Differenzierungen zurück, und Frauen ergreifen auch bei der Kontaktaufnahme die Initiative. Sind Macht und Kompetenz (noch) nicht klar, schleichen sich tradierte Verhaltensformen jedoch immer wieder ein.

Kontaktaufnahme

Die Hindernisse bei Männern liegen oft darin, dass sie glauben, Frauen könnten meinen, dass sie nur „an das Eine" dächten. Sprechen Sie als Mann am Messestand, im Zugabteil oder Bistro eine einzelne Frau ruhig an. Hätte sie Vorbehalte, wäre sie nicht dort!

Männern wird nachgesagt, dass sie sich in einem Raum umgehend einen Platz suchen und den mit Gegenständen – Autoschlüssel, Handy ... – absichern. Das schafft eine Distanz, die dem Smalltalk schadet. Lassen Sie Ihre Objektsammlung in der Tasche!

Bei Frauen wiederum wird beobachtet, dass sie einen Raum als Erstes komplett sondieren. Sie erkennen so blitzschnell, an welchen vertrauten Stellen sie leicht andocken können. Das reduziert die Wahrscheinlichkeit, dass sie neue Bekanntschaften schließen. Trauen Sie sich, aktiv an Ihrem Netzwerk zu flechten, ob im Flugzeug, an der Bar, bei/in einer Konferenz oder bei der Vernissage!

Symmetrische Körpersprache für Frauen und Männer

Lassen Sie die Erwartungen im jeweiligen Umfeld an Frauen und an Männer nicht außer Acht, lassen Sie sich aber auch nicht davon beeinträchtigen. Legen Sie ein Verhalten an den Tag, das sowohl zu Ihrer Aufgabe passt, also auch Ihren Status stützt, und erst in dritter Instanz Ihrer Geschlechterrolle entspricht.
Setzen Sie entsprechend eindeutige Körpersignale:

- ein aufgeschlossenes Gesicht – kein Pokerface, keine Hand vor dem Mund!
- ein offener Augenkontakt – weder herausfordernd starren noch verschämt die Lider senken!
- ein leichtes Nicken – kein Bückling, keine erhobene Nase!
- ein symmetrischer Handschlag von mittlerer Druckstärke – nicht nach unten drücken (lassen)!
- eine bequeme und offene Sitzhaltung – die Beine weder ostentativ wegspreizen noch schamhaft gegeneinander pressen!
- Bewegungsfreiheit – weder raumgreifend die Sofaecken umfassen noch die Ellenbogen an den Rumpf drücken!

Vorsicht Fettnäpfchen!

Schießen Sie nicht über Ihr Ziel hinaus: Dominante Frauen verletzen das Symmetriegebot des Smalltalks genauso wie unterwürfige Männer!

18. Eisbrecher für A- und B-Typen

„Gleich und Gleich gesellt sich gern." Zum Glück gilt aber auch: „Gegensätze ziehen sich an!" Nutzen Sie deshalb Ihre Chance zur Kontaktaufnahme – so oder so!

Verhaltensstile schnell erkennen

Beziehungsorientierte Personen sind leicht auszumachen: Sie sind selten allein, halten Nähe aus und sind auch im Getümmel anzutreffen. Sie haben mal kurze, mal lange Gesprächskontakte, gehen suchend durch den Raum und blicken offen auch in fremde Gesichter.
Wem hingegen die Beziehungspflege nicht oberstes Gebot ist, der ist eher allein, für längere Zeit zu zweit oder als Teil einer festen Gruppe zu finden. Seine Gesprächsanteile können gering sein, möglicherweise blättert er in einem Prospekt. Er kann aber auch als Gruppenführer auftreten; dann schweigen die anderen, der Austausch fehlt auch hier.

Mit beziehungsorientierten Personen ein Gespräch beginnen

Bei den meisten beziehungsorientierten Leuten sind Sie mit dem Tagesgruß und einem Lächeln schon im Gespräch. Wahren Sie jedoch bei aller Nähe eine Perspektive, aus der heraus Sie sensibel wahrnehmen und Ihr Verhalten steuern können.

- Geben Sie Ihrer Freude über das Kennenlernen Ausdruck.
- Erläutern Sie Ihren persönlichen Bezug zu dem Anlass, zum Beispiel warum Ihre Anwesenheit bei dieser Messe gut für Ihr Unternehmen ist.
- Geben Sie Ihrem Kontaktbedürfnis Ausdruck, zum Beispiel dass Sie bei der Cocktailparty neue Bekanntschaften schließen und alte Bekannte wiedersehen möchten.

Setzen Sie eine gemeinsame Basis voraus. Diese wird eventuelle Unterschiede in ein sanftes Licht tauchen. Hören Sie gut zu, lassen Sie den andern glänzen, beantworten Sie seine Fragen ehrlich, persönlich und mit Bezug zu ihm.

Mit aufgabenorientierten Personen ins Gespräch kommen

Ein an seinen Aufgaben orientierter, sachlicher Mensch braucht Zeit. Er taut erst auf, wenn er sicher sein kann, dass auch Sie bei der Sache bleiben. Manchen Menschen mit A-Stil bereitet die Kontaktaufnahme geradezu Stress. Stellen Sie deshalb sicher, dass die Person Sie ankommen sieht und hört. Sprechen Sie sie schon aus der gesellschaftlichen Distanz an, wenn sie zum Beispiel in eine Lektüre vertieft ist. Erklären Sie

- kurz, wer Sie sind;
- präzise, warum Sie hier sind; definieren Sie zum Beispiel beim Kongress Ihren Arbeitsbereich, bei der Party Ihren Verwandtschaftsgrad im Bezug zu den Gastgebern;
- welcher sachliche Hintergrund Sie bewegt, die Person anzusprechen: zum Beispiel ein bestimmtes Buch, das sie in der Hand hält;
- worin das Ziel Ihrer Kontaktaufnahme besteht – sich informieren über etwas, das diese Person hat/kann/weiß.

Sprechen Sie klar und deutlich. Eine offene Körpersprache ist immer gut; kommen Sie der Person aber nicht zu nah – weder verbal noch räumlich. Keine Berührung. Keine großen Gesten. Keine ausgeprägte Fröhlichkeit.

Extra-Tipp

Selbst wenn das Eis nur langsam schmilzt, geben Sie nicht auf! Viele Menschen verhalten sich unter Anfangsbedingungen reservierter, als wenn sie Vertrauen gewonnen haben. Lassen Sie sich und ihnen Zeit.

19. Was Gastgeber tun können

Freunde, Bekannte, Familienmitglieder und Kollegen bei einem Fest zusammenbringen – das bietet und sorgt für Gesprächsstoff. Gute Gastgeber erleichtern ihren Gästen die Kontaktaufnahme.

Gäste miteinander bekannt machen

„Der Wichtigere erhält alle Informationen zuerst", diese Regel gilt im beruflichen Umfeld. Werden zum Beispiel von einem Berater ein Kunde und eine Spezialistin zusammengeführt, wird der Kunde zuerst über die Identität der Kollegin aufgeklärt, dann erfährt die Kollegin, wer der Kunde ist. Im geselligen Umfeld wird „Wichtigkeit" anders gedeutet:

- Wer an eine Gruppe herantritt oder in einen Raum kommt, gilt als Neuling. Daher stellt der Gastgeber zuerst ihn den Anwesenden vor, dann diese ihm.
- Bringt der Gastgeber Gäste im Saal zusammen, wird bei einem großen Altersunterschied die ältere Person zuerst über die jüngere informiert, bei ähnlichem Alter eine Dame zuerst über einen Herrn.

Als Regisseur der Veranstaltung wissen Sie über Ihre Gäste mehr als deren Namen. Teilen Sie Ihr Wissen mit den Beteiligten. Dann tun sich diese leichter: „Ach, Sie auch?"

Die Begrüßungsrede

Üblicherweise werden die Ehrengäste in der Ansprache erwähnt, leider haben bei Stehempfängen und bei Reihenbestuhlung nur wenige Gäste die Möglichkeit, die Erwähnten in diesem Augenblick zu sehen. Bitten Sie Ihre Ehrengäste zu sich, wird dies als Würdigung aller aufgenommen.

Bei einem privaten oder gesellschaftlichen Anlass nutzen Sie diesen Moment zur Vorstellung aller Gäste:

- Fassen Sie sich kurz.
- Widmen Sie jedem Gast gleich viel Redezeit; ein paar Sekunden brauchen die übrigen Gäste, um ihn zu begutachten.
- Vermeiden Sie jegliche Wertung, zum Beispiel sind Amts- und Berufsbezeichnungen wie „Oberbürgermeisterin" und „Kellnerin" unpassend.
- Gehen Sie in einer für alle nachvollziehbaren Reihenfolge vor, zum Beispiel chronologisch: „Als Karsten in mein Leben trat, war er fünf und ich vier. Kirsten lernte ich in der Grundschule kennen." Danach können Ihre Gäste leicht Kontakt aufnehmen: „Sie sind also ..."

Die Tischordnung

Protokollarisch korrekt sitzen die Gastgeber in der Mitte der Längsseite der Tafel einander gegenüber und die Ehrengäste an ihrer Seite. Es gibt Gäste, auf die diese Bedingung auch bei privaten Anlässen für alle nachvollziehbar zutrifft: die Großmutter, der Taufpate ...

Im Idealfall stellen Sie die Tischordnung so zusammen, dass jeder Gast seine Platzierung als Ehre empfindet. Um dies zu garantieren,

- kombinieren sie Personen mit ähnlicher Interessenlage;
- trennen Sie Menschen, die sich gut kennen oder sehr ähnliche Dinge tun, damit sie andere nicht ausgrenzen;
- teilen Sie Ihren Gästen mit, warum Sie genau diese Platzierung gewählt haben.

Vorsicht Fettnäpfchen!

Schaffen Sie als Gastgeber Single-Gästen Raum und Gelegenheiten, andere Menschen kennen zu lernen. Versuchen Sie aber nicht, Gäste miteinander zu verkuppeln, die Sie für „ein ideales Paar" halten.

20. Günstige Gelegenheiten

Wenn Sie nicht gern immer wieder bei null anfangen, begeben Sie sich regelmäßig an Orte, an denen sich Menschen mit einem Kommunikationsbedürfnis aufhalten.

Klassische und weniger klassische Anlässe

Möchten Sie Menschen zusammenbringen, laden Sie sich Gäste ein. Möchten Sie hingegen einzelne Menschen näher kennen lernen, besuchen Sie Veranstaltungen, bei der andere Regie führen: Als Gastgeber haben Sie zu viel zu tun!

- Gehen Sie zur Betriebsfeier. Die Annahme, Sie wüssten schon alles von den Kolleginnen und Kollegen, ist mit Sicherheit falsch.
- Besuchen Sie das Stadt-/Quartier-/Straßenfest. Sichere Quellen berichten, dass in den Tagen danach die Geschäfte dort einen enormen Umsatzzuwachs verzeichnen: Die Menschen wollen einander wieder begegnen.
- Verschmähen Sie Interessengruppen. Halten Sie sich an solche, die neben fachspezifischer Förderung Networking auf ihre Fahnen schreiben: Wirtschaftsjunioren, Marketingclubs, Frauen-Netzwerke ...
- In Ihrer lokalen Tageszeitung finden Sie Meldungen von Theatergruppen, Chören und Orchestern, die Verstärkung suchen. Viele Akteure gehen nach der Probe noch auf einen Drink ins Lokal.
- Die Debattierclubs der Universitäten stehen nicht nur den Studierenden und dem Lehrpersonal offen.
- Im Bus des örtlichen Ausländerbeauftragten, der interessierte Besucher und Zuwanderer durch Ihre Region fährt, ist oft auch für Alteingesessene noch ein Plätzchen frei.

Unterstützung einfordern

Machen Sie es sich nicht so schwer, lassen Sie sich vorstellen. Sie können zum Beispiel um Hilfe bitten

- den gestandenen Kollegen beim Firmenjubiläum,
- die Gastgeberin bei der Gartenparty,
- die Hoteldirektorin zu Beginn des Package-Urlaubs,
- den Barkeeper im Ferienhotel,
- den Chorleiter bei der ersten Chorprobe.

Sollte Ihr Ansprechpartner Sie fragen, warum Sie sich nicht selbst vorstellen, sagen Sie bitte nicht: „Ich traue mich nicht." Geben Sie ihm vielmehr die Gewissheit: „Sie wissen am besten, wen ich als Erstes kennen lernen sollte."

Welche Kleidung ist angesagt?

Bevor Sie in den Kleiderschrank greifen, sind zwei Fragen zu beantworten:

- Sind Sie für sich allein verantwortlich oder repräsentieren Sie ein Unternehmen/eine Familie/ein Land?
- Sollen die anderen Anwesenden mit Ihnen oder über Sie sprechen? Wollen Sie sich als Gleicher unter Gleichen in das Gesamtbild einfügen oder wollen Sie auffallen?

Ob kurz oder lang, Smoking oder Freizeitkleidung – der Bitte des Gastgebers ist in jedem Fall zu entsprechen. Fehlt bei einer Einladung im geschäftlichen Umfeld der Kleidungsvermerk, wird Business-Outfit erwartet.

Vorsicht Fettnäpfchen!

Feine Damen ließen früher mit dem Ziel der Kontaktaufnahme ihr Taschentuch fallen. Wer sich heute einer Masche bedient, wirkt nicht einladend, sondern einfach nur ungeschickt.

21. Fragen und zuhören

Kennen Sie die Definition „Alle offenen Fragen beginnen mit einem W, geschlossene werden mit Ja oder Nein beantwortet"? Vergessen Sie sie!

Keine Stereotype

„Wie geht es Ihnen?" Kaum jemand vermutet da echtes Interesse und kaum jemand erwartet oder gibt eine ehrliche Antwort. Wollen Sie Ihrem Gegenüber echte Menschlichkeit entgegenbringen, genügt schon ein individueller Zusatz: „Wie geht es Ihnen nach dem Urlaub?"
„Wie war die Anreise?" Ein mit dieser Frage konfrontierter Besucher bleibt Ihnen keine Antwort schuldig. Als Ausdruck Ihrer Anerkennung empfindet er die Floskel jedoch nicht. Wie viel persönlicher wäre die Formulierung „Auf der A 81 wird ja gerade der Verkehr einspurig geführt. Haben Sie es ohne Stau hierher geschafft?" Da weiß der Besucher, dass Sie sich um ihn Gedanken machen.

Kein Verhör

Stellen Sie sich vor: Ein Vertreter des Gastgebers stellt Ihnen hintereinander eine Reihe von W-Fragen:

- Grund Ihres Kommens: „Welchen Nutzen versprechen Sie sich von dem Besuch?"
- Herkunft: „Woher kommen Sie?"
- Personenkreis: „Mit wem haben Sie schon gesprochen?"

Fühlen Sie sich da motiviert, sich zu öffnen? Wahrscheinlich haben Sie eher den Eindruck, dass Ihr Gegenüber Sie gemäß dem Sprichwort „Wer fragt, der führt" in seinem eigenen Interesse lenkt. Da Sie sein Ziel nicht einschätzen können, gehen Sie lieber auf Nummer Sicher, antworten ausweichend oder suchen das Weite. Machen Sie es besser: Stellen Sie Fragen, die Ihrem Gegenüber

- die Freiheit lassen, aus dem Spektrum Ihrer Frage einen Aspekt auszuwählen;
- die Möglichkeit geben, etwas zu erzählen;
- die Sicherheit geben, dass Sie ihm mit Interesse zuhören.

Derartige Fragen klingen beispielsweise so:

- Grund des Kommens: „Sind Sie auch hier, weil ...?"
- Herkunft: „Wie lebt es sich da so?"
- Personenkreis: „Sie sagten eben, Sie seien die Cousine der Gastgeberin. Verraten Sie mir noch, ob ...?"

Keine Nötigung

„Wie gefällt es Ihnen hier?" Als Veranstalter bekommen Sie auf diese Frage wahrscheinlich eine positive Antwort.
Viele Gäste empfinden es als anständig, einen Gastgeber nicht zu enttäuschen, mancher fühlt sich zu einer positiven Rückmeldung geradezu genötigt; Ihr Erkenntnisnutzen bleibt gleich null. Ein ehrliches negatives Feedback bietet Ihnen zwar Informationen, aber keine gute Stimmung. Tasten Sie sich lieber konkret an das erhoffte Feedback heran:

- Beim Vortrag: „Hatten Sie diesen Referenten schon einmal gehört?"
- Beim Geschäftsessen: „Kannten Sie dieses Lokal?"
- Am Buffet: „Haben Sie diesen Salat schon probiert?"

Extra-Tipp

Wählen Sie nicht oberflächliche Fragen, sondern sinnvolle! Nötigen Sie Ihr Gegenüber weder zu einer Entscheidung noch zu einer Meinungsäußerung. Sie erhöhen dadurch seine Lust, Ihnen zu antworten: Wer offen fragt, führt besser.

22. „Wenn du nehmen willst, dann gib."

Schon die Römer wussten, dass Geben und Nehmen eng zusammenhängen: „Do ut des." Ich gebe, damit du gibst. Öffnen Sie Ihrem Smalltalk-Partner die Tür, indem Sie sich selbst öffnen.

Das richtige Maß

Was müssen Sie tun, damit Ihr Gegenüber Sie nach Ihrer Unterredung als guten Gesprächspartner bezeichnet? Sie müssen ihn reden lassen. Damit er zu reden beginnt, servieren Sie ihm Sprechanlässe auf dem Silbertablett.

- Erzählen Sie eine Anekdote: Sie haben etwas gehört/gelesen/erlebt. Drei, vier Sätze genügen.
- Bitten Sie um das Einverständnis für eine längere Ausführung: „Darf ich das erläutern?" Sie dürfen garantiert.
- Bitten Sie Ihren Gesprächspartner um einen Rat. Das lässt ihn glänzen, ohne dass Ihr Image leidet.
- Bleiben Sie konkret. Das erlaubt dem Gesprächspartner einzuhaken; abstrakte Theorien sind zur Beziehungspflege nicht geeignet.
- Sprechen Sie in Bildern. Das regt die Fantasie auch Ihres Gegenübers an.
- Wählen Sie kurze Sätze. So geben Sie auch einem sehr höflichen Gegenüber die Chance einzuhaken.
- Lassen Sie Ihren Gesprächspartner ausreden.

Zwischen Nähe und Distanz

Das Jonglieren zwischen verbindlichen und unverbindlichen Äußerungen macht zu einem großen Teil den Reiz des Smalltalks aus. Möchten Sie etwas über die Freizeitgestaltung Ihres Gesprächspartners wissen? Berichten Sie von Ihrem vergangenen Wochenende. Möchten Sie wissen, woher er kommt? Erzählen Sie von Ihrer Heimatstadt oder geben Sie aufgrund seines – sympathischen – Akzents einen Tipp ab: „Kann es sein, dass ...?“ Springt Ihr Partner nicht auf das angebotene Thema an, respektieren Sie das. Vielleicht ist es gerade nicht von Interesse für ihn. Vielleicht will er dieses Thema ausgerechnet mit Ihnen nicht erörtern. Es ist sein gutes Recht.

Pausen aushalten

Bohren ist verpönt und ineffektiv. Ihr Gegenüber fällt freiwillig am ehesten eine Entscheidung zu Ihren Gunsten, das kennen Sie bereits aus der Fragetechnik.
Sie erinnern sich vielleicht an Ihre Kindheit: Hat es nicht Spaß gemacht, in einem Malbuch die Figuren in kreativer Farbwahl auszumalen? Sie können diesen Malbuch-Effekt im Smalltalk produzieren. Zeichnen Sie einen thematischen Rahmen vor und warten Sie ab, welchen Aspekt Ihr Gesprächspartner daraus wählt. Das klingt zum Beispiel so:

- Grund des Kommens: „Ich bin hier, um wieder einmal diese Band zu hören. – „Ich auch, ich habe die Jungs das letzte Mal 1988 in Köln gehört.“
- Start und Ziel: „Der ICE aus Dortmund war heute erstaunlich pünktlich.“ – „Die Bahn ist mir zu riskant, ich fahre die Strecke von Essen hierher lieber mit dem Wagen.“
- Personenkreis: „Ich habe meine Kollegin noch gar nicht gesehen.“ – „Ihre Kollegin? Dann sind Sie beruflich hier, genau wie ich. Ich bin allerdings Einzelkämpferin.“

Extra-Tipp

Setzen Sie nicht nur auf Ähnlichkeiten. Wären alle Ihre Erfahrungen deckungsgleich, würde Ihr Gespräch bald versanden. Sobald Sie eine gemeinsame Plattform gefunden haben, ist keine inhaltliche Übereinstimmung mehr vonnöten.

23. Harmonie durch Körpersprache

„There's no business without show business." Kein Geschäft ohne ein bisschen Schau, so könnte man salopp den bekannten Evergreen umformulieren.

Ob es um den Vertrieb von Waren, die Vermittlung von Ideen oder den Beginn einer wunderbaren Freundschaft geht: Achten Sie auch beim Smalltalk als verkaufsfördernder Maßnahme auf Ihre Wirkung.

Die Aufmerksamkeit bei einer Begegnung ist am Anfang besonders hoch, hier wird – oft unbewusst – geklärt: Freund oder Feind? Extrem hoch ist sie auch am Ende, wenn der andere geprüft wird: Hat er mich getäuscht oder nicht? Und: Wie geht es weiter? Auch während eines Gesprächs lohnt es sich, hin und wieder nachzuspüren, wie weit sich Ihr Gegenüber öffnet oder verschließt, wie viel Nähe bereits möglich und wie viel Entfernung noch nötig ist. Das sehen Sie an der Distanz, die Ihr Gesprächspartner aufbaut, und an der Richtung, die sein Körper einnimmt.

Distanz wahren, um Nähe zu erzeugen

- Üblicherweise halten sich Menschen in einem Abstand von über dreieinhalb Meter von anderen, um diesen einen uneingeschränkten Blick auf sich zu ermöglichen.
- Beim Zugehen auf Fremde und wenig vertraute Personen wird je nach Umfeld bei drei bis einem Meter Halt gemacht. Im Gedränge einer Veranstaltung ist dies oft schwer. Setzen Sie dennoch alles daran, diese Distanz bei einem Erstkontakt zu respektieren.
- Erst wenn das Verhältnis sich persönlicher gestaltet, ist eine Nähe von einem bis einem halben Meter zulässig.

- Die intime Distanzzone – unter einem halben Meter – ist für Smalltalk genauso untauglich wie die öffentliche (ab dreieinhalb Meter). Zu viel Nähe kann den Gesprächspartner erdrücken. Hat Ihr Gegenüber ein sehr geringes Distanzbedürfnis wählen Sie den Schulterschluss. Sein Vorteil liegt in der gemeinsamen Perspektive.

Die richtige Haltung

Zu einem offenen Gespräch passt eine offene Haltung. Richten Sie im Stehen Ihre Füße und im Sitzen Ihre Beine auf Ihren Gesprächspartner aus. Bei mehreren Gesprächspartnern sollten Sie Ihre Ausrichtung wechseln, je nachdem mit wem Sie gerade sprechen. Drehen Sie nicht den Unterkörper auf die eine Seite, den Oberkörper auf die andere. Eine solche verschraubte Haltung wirkt widersprüchlich und schränkt Ihren Aktionsradius ein. Leihen Sie allen gleichermaßen Ihr Ohr, schenken Sie allen gleichermaßen Ihren Blick, schauen Sie niemanden über „die kalte Schulter" an. Frauen mussten noch bis in die 60er Jahre hinein im Sitzen ihre Füße parallel auf dem Boden aufsetzen, das ist vorbei. Achten Sie beim Überschlagen der Oberschenkel auf das, was Ihr Gegenüber sehen könnte.
Harmonie kann man sehen: Menschen, die gedanklich „auf der gleichen Wellenlänge" sind, bewegen sich nahezu simultan und sprechen in übereinstimmender Geschwindigkeit, Lautstärke und Wortwahl. Da Sie Harmonie herstellen wollen, passen Sie sich in der Kontaktphase einfach an!

Vorsicht Fettnäpfchen!

Nur wenn Ihre Worte, Ihre Körperhaltung und Ihre Stimme harmonieren, wirken Sie stimmig und natürlich. Eine positive Einstellung zum Gegenüber verhindert widersprüchliche Botschaften. Eine offene Körperhaltung fördert eine offene innere Einstellung.

24. Das Kreuz mit den Komplimenten

„Gegen einen Tadel kann ein Mensch sich wehren, nicht aber gegen ein Lob", wusste Sigmund Freud.

Komplimente annehmen

Vielen Menschen fällt es schwer, ein Kompliment anzunehmen: Kein Wunder, kennen wir doch das Ziel des Sprechers nicht. Zu unserem Misstrauen gegenüber positiven Rückmeldungen tragen weitere Erfahrungen bei:

- Von klein auf finden wir Tadel normal. An Lob dagegen sind wir kaum gewöhnt. Wir erfahren eher den Grundsatz „Nicht getadelt ist gelobt genug".
- Von Kindesbeinen an sehen wir uns hohen Ansprüchen gegenüber. Und wir wissen genau, dass wir der unterschwelligen Botschaft „Sei perfekt!" nur selten entsprechen.
- Bald lernen wir dann auch, dass an ein Lob häufig eine Forderung gekoppelt ist: „Das kannst du gut, dann mach es auch."

Sie brauchen aber Ihre Mitmenschen nicht mit den Problemen Ihrer Sozialisation zu konfrontieren. Kontrollieren Sie Ihr Bedürfnis, ein Kompliment mit „War aber gar nicht teuer" oder „Meinen Sie wirklich?" auszubremsen. Nehmen Sie es einfach mit einem Lächeln an: „Danke." Das fällt Ihnen nach zwei, drei Malen immer leichter.

Komplimente machen

Damit eine positive Äußerung die beabsichtigte spontane Freude auslöst, ist Vorsicht geboten bei:

- Allgemeinplätzen: „Männer können einfach besser einparken als Frauen!"

- Äußerungen zur – möglicherweise veränderten – Körperform: „Sie haben aber abgenommen!"
- Wertungen, die Abwertungen in sich bergen: „Dieses Kleid macht sie um Jahre jünger!" Oder: „Hätte ich nicht gedacht, dass Sie das hinbekommen."
- Platitüden: „In Ihre blauen Augen schaue ich so gern."
- Übertriebene Begeisterung: „Total irre, wie charmant Sie das ausdrücken!"
- Anzüglichkeiten: „Eine wohl geformte Frau wie Sie ..."

Ein Kompliment wird als Geschenk betrachtet, wenn es
- eindeutig ist und einen konkreten Bezug hat: „Wie Sie diesen Blumenstrauß gebunden haben – gefällt mir sehr gut!"
- kurz ist: „Fesselnd, diese Geschichte!"
- den Sprecher einbezieht: „Sagen Sie: Hatten Sie diese Brille schon letztes Mal?"
- eine Brücke zwischen den Beteiligten baut: „Ihr Lachen steckt mich an!"
- zu einer weiterführenden Reaktion auffordert: „Ich finde es so spannend, mich mit Ihnen zu unterhalten. Holen wir uns noch etwas zu trinken?"
- ehrlich ist: Mit harter Stimme und ernster Mimik ausgesprochen, wirkt auch die schönste und eleganteste Formulierung wie ein Tadel.
- nicht einsam im Raum steht: Sind Sie als Spötter oder Nörgler bekannt, ernten Sie bei einem spontanen netten Wort in erster Linie Misstrauen.

Vorsicht Fettnäpfchen!

Empfinden Sie ein Kompliment als zweischneidig oder zweideutig? Vielleicht ist das eine Unterstellung. Ersparen Sie dem Sprecher daher eine öffentliche Belehrung. Mit einem Wiederholungstäter sprechen Sie unter vier Augen.

25. Ein Thema ausbauen

Bei einer Zufallsbegegnung auf dem Markt können Sie es genauso wie bei einem Empfang nicht beim Händeschütteln bewenden lassen: Wer A sagt, muss auch beim Smalltalk B sagen.

Optimal: Thema mit Variationen

Gehen Sie auf Nummer sicher und wählen Sie ein Thema, bei dem alle Anwesenden mitreden können:

- Die beteiligten Personen: Wer kennt sich noch nicht? Stellen Sie fremde Personen einander vor. Tauschen Sie Wissen aus, beschränken Sie sich dabei auf wertfreie bis positive Äußerungen.
- Die örtlichen Gegebenheiten: Was können alle Beteiligten sehen, hören, schmecken, fühlen? Machen Sie kurze Aussagen, kommentieren Sie die Ihres Gesprächspartners mit Kopfnicken und kleinen sozialen Geräuschen wie „hm, ja, ach so". Das bestätigt und ermuntert ihn weiterzusprechen. Der Austausch der jeweiligen Wahrnehmungen und Empfindungen bringt automatisch neue Aspekte ins Spiel und eröffnet beim gleichen Thema neue Welten.

Wenn Sie den Ausbau von Aspekten trainieren wollen, hilft eine Mind Map. Bei „Urlaub in der Normandie" bieten sich zum Beispiel an:

- Tätigkeiten: baden, am Strand spazieren gehen, gut essen und trinken ...
- Orte: Bayeux – der gestickte Wandteppich über die Eroberung Englands im Jahr 1066 – oder Cabourg – wo der Schriftsteller Marcel Proust seine Ferien verbrachte ...
- Essen und trinken: Artischocken, Austern, Calvados ...

Sprachwelten entdecken und teilen

Jeder Mensch filtert Erlebnisse und Sinneseindrücke auf eine individuelle Weise. Hören Sie auf die sprachlichen Bilder Ihres Gesprächspartners:

- Verwendet er eher Wörter aus dem visuellen Bereich wie „Perspektive ... Aussicht ... das sehe ich ganz klar vor mir“? Benutzen Sie sie auch!
- Oder ist seine Bildersprache mehr auditiv geprägt: „Das klingt gut ... das hört sich richtig an ...“? Steigen Sie ein!
- Oder nimmt er gefühlsmäßig wahr und verwendet Wörter wie „Harmonie ... gute Stimmung ... herzlich“? Verwenden Sie sie ebenfalls!

Folgen Sie Ihrem Gesprächspartner in seine Welt und vermeiden Sie Formulierungen, die wie Barrieren wirken. Motivationskiller sind zum Beispiel:

- Zwänge: „Da müssen Sie ...“
- Gegensätze: „aber ...“
- Weichspüler: „Das würde ich eigentlich auch mal gern ...“
- Vorwürfe: „Das sollten Sie aber wissen!“

Verwenden Sie stattdessen:

- Optionen: „Haben Sie Interesse ...“
- Neutrale Verbindungen: „Und ... gleichzeitig ...“
- Klartext: „Darf ich bitte ...?“
- Akzeptanz: „Sie wissen vielleicht auch ...“

Extra-Tipp

Sich höflich am Gespräch zu beteiligen heißt nicht, jede Frage zu beantworten. Sind Sie zu der Vertiefung eines Themas nicht bereit, weichen Sie einer Frage mit der Bemerkung „Das frage ich mich auch schon eine Weile“ aus.

26. Das Thema wechseln

Wenn Sie ein Miteinander als Zweckbündnis für gute Stimmung definieren, scheuen Sie sich nicht vor Differenzen. Schärfen Sie vielmehr Ihren Blick für Gemeinsamkeiten und bauen Sie darauf Neues auf.

Sanfte thematische Überleitung

Sie kommen leicht aus einer Sackgasse heraus, wenn Sie dem Gespräch einen neuen Rahmen geben. Dabei gilt es, nicht in komplexen Themensträußen zu denken, sondern eine Blüte zu wählen und von dort aus einen neuen Strauß zu binden. Beim Thema Urlaub in der Normandie können Sie zum Beispiel die zur Vertiefung geeigneten Aspekte auch als Sprungbrett aus dem Thema heraus nutzen.

- Tätigkeiten: Baden – andere Badeorte – See oder Badewanne – Ihre Freundin oder Ihr Enkelkind. Oder: das Meer und sein Spiel von Farben und Licht – Malerei – Museumsbesuch.
- Orte: Bayeux – Wilhelm der Eroberer – die französischen Wörter im Englischen – englische Wörter im Französischen – der nationale Diktat-Wettbewerb im französischen Fernsehen. Oder: Fremdsprachenunterricht – Schule – Schule heute – die Klassenfahrt Ihrer Jüngsten.
- Essen und trinken: Austern – Ihr jüngstes Erlebnis im Sterne-Restaurant – selbst kochen – Rezepte austauschen. Oder: Calvados – Trend-Digestif Rum – wahrscheinliche Herkunft Indien – Ihre Urlaubsplanung für das kommende Jahr.

Sind Sie visuell veranlagt, malen Sie sich das gerade zur Debatte stehende Thema als Kette von einzelnen Elementen aus. Öffnen Sie ein einzelnes Glied davon und klinken Sie es in eine neue Kette ein. Sind Sie eher ein Hör-Typ, sprechen

Sie vor Ihrem inneren Ohr das Wort „übrigens" aus. Schon öffnet sich ein Ausweg aus der Sackgasse. Dazu können Sie:

- die Meinung anderer zitieren: „Dazu sagte mein Chef gestern ..."
- Medien zitieren: „Letzte Woche stand dazu ein Artikel in der ZEIT ..."
- eine Anekdote erzählen: „Das erinnert mich an ..."

Sprachbilder zum Umsteigen nutzen

Sinneswahrnehmungen haben den Vorteil, konkret und persönlich zu sein und Wertungen aus dem Spiel zu lassen: Kein Mensch sagt: „Das hören Sie aber falsch!" oder „Fühlen Sie doch mal richtig!". Entsprechend können Sie die Wortfamilien Ihres Gegenübers im Sinn der Harmonie ausschöpfen und zum Umsteigen in andere Themenfelder nutzen.

- Für Seh-Typen: Abstrakte Gemälde bei einer Vernissage. „Diese Farbwahl, bei diesem Künstler eher außergewöhnlich." – „Es ist schon eklatant, welche Seh-Erlebnisse heute so geboten werden."
- Für Hör-Typen: Die Band spielt leise, sanft, harmonisch – Stimmungsmusik. „Herrlich, dieser Sound." – „Jugendliche haben heute ja ganz andere Hörgewohnheiten als wir." – „Allein die Lautstärke – also meiner Tochter muss ich immer sagen ..."
- Für Gefühlsmenschen: Zukunftsvisionen. „Ich habe da auch kein so gutes Gefühl." – „Normalerweise trügt mich mein Instinkt ja nicht." – „Meine Frau hat auch ein gutes Gespür für ..."

Vorsicht Fettnäpfchen!

„Sie sagten vorhin ..." – Der Bezug auf eine vorher getroffene Aussage bereichert Ihr Gespräch nur, wenn das Zitat in den Kontext passt und von Wertschätzung zeugt.

27. Mit Geschick vernetzen

Wer die „richtigen" Leute kennt, erklimmt die berufliche Erfolgsleiter leichter als ein Mensch ohne Beziehungen.

Sorgen Sie für Ihre ausreichende Dosis „Vitamin B"! Und vergessen Sie die Aussage: „Die Menge macht's." Ein gutes Netzwerk beruht auch auf der Verschiedenartigkeit der Beteiligten. Es hat sich darüber hinaus herausgestellt, dass entfernte Bekannte eine größere Rolle zum Beispiel bei der Vermittlung von Jobs und Aufträgen spielen als enge Verwandte. Soziologen nennen das die „Stärke der schwachen Verbindungen".

Netzwerkpflege

„Man trifft sich immer zweimal im Leben." Mit dieser Aussage wird – oft schmunzelnd – daran erinnert, dass es sich lohnt, sich anständig zu benehmen. Sie besagt indirekt außerdem: Bediene dich nicht egoistisch, hilf anderen, dann kannst du auf Hilfe zählen. Die Konsequenz: Denken Sie beim Vernetzen an das Wohl der anderen.

Networking inszenieren

Sie wollen Ihr Netzwerk erweitern oder als Gastgeber Menschen zusammenbringen?

- Lassen Sie sich von inhaltlichen Berührungspunkten inspirieren: Wen interessiert was? Es liegt auf der Hand, dass Studienabgänger sich eher von einer Einladung zum Existenzgründungsworkshop angesprochen fühlen als Pensionäre und dass Familien mit Kindern ein Picknick lieber ist als ein 7-Gänge-Menü. Welchen Veranstaltungen geben Sie den Vorzug? Wen können Sie bitten, Sie zu einem Event mitzunehmen und dort „an den Mann" zu bringen?

- Ziehen Sie Status und Image bestimmter Personen ins Kalkül: Professionelle Party-Ausrichter kündigen in ihrer mündlichen Einladung an: „Carola (die beliebte Moderatorin der Sendung XYZ) ist auch eingeladen." Überlegen Sie daher, wen Sie als Köder auf Ihre Gästeliste setzen können. Als Gast fragen Sie bei größeren Einladungen, wer außer Ihnen kommen wird; machen Sie Gastgebern Vorschläge für weitere interessante Adressaten.

Günstiges Vorgehen in Wort und Tat

Privat und in guter Gesellschaft thematisieren Sie zum Beispiel gemeinsame Freizeittätigkeiten, im geschäftlichen Umfeld legen Sie beim Vorstellen nutzbringende Berührungspunkte offen: „Sie sollten unbedingt Herrn Groß kennen lernen. Er hat in Ihrem Geschäftsbereich bereits Erfahrungen ..."

Führen Sie einen Kollegen, einen Freund, einen Bekannten an eine Einzelperson oder eine Gruppe heran, preisen Sie ihn aber nicht an wie Sauerbier: Ein einziger Satz genügt.

Einen schüchternen Partner stärken Sie mit einem Stichwort: „Sie sagten vorhin ..." Eleganter sind jedoch körpersprachliche Signale. Fangen Sie bei Ihren Füßen an:

- Richten Sie je eine Fußspitze auf den Hinzugekommenen und die Anwesenden.
- Damit wenden Sie automatisch Ihren Oberkörper und Ihre Gesten abwechselnd den Parteien zu, die Sie miteinander vernetzen wollen.
- So können Sie mit Ihrem Augenkontakt fließend die Blicke der einen auf die Gesichter der anderen lenken.

Extra-Tipp

Für einen guten Netzwerker ist „Konkurrenz" ein Fremdwort. Sprechen Sie darum bei der Vorstellung von „Kollegen" oder „in der gleichen Branche tätigen" Personen.

28. Neuer Rahmen, neues Glück

Nicht nur als Gastgeber, auch im Freundes- und Kollegenkreis können Sie für frischen Wind in den Gesprächen sorgen. Regen Sie einen Szenenwechsel an, dürfen Sie sicher mit Zustimmung rechnen.

Öfter mal jemand Neues

Gehen Sie immer mit den gleichen Kollegen zum Kegeln? Immer mit dem gleichen Freundespaar zum gleichen Vietnamesen? Laden Sie immer die gleichen Kunden zur gleichen Veranstaltungsreihe ein? Das sorgt für Kontinuität, erleichtert die Organisation ... und erschwert den Smalltalk. Sorgen Sie hin und wieder für frischen Wind!

- Laden Sie Ihre Kunden und Ihre Lieferanten einmal gemeinsam ein. Für die daraus entstehenden Geschäftsbeziehungen können Sie mit Dankbarkeit rechnen!
- Bitten Sie zu Informationsveranstaltungen für Geschäftskunden die Ehepartner dazu. Sie erhalten informell ungeahnte Informationen, vor allem wenn Sie Ihren eigenen Lebenspartner entsprechend briefen.
- Mischen Sie Familie und Nachbarschaft und bitten Sie die nette Tierärztin dazu. Wenn alle sich gut verstehen, sind Sie bei deren nächstem Treffen hoffentlich mit eingeladen.
- Grenzen Sie die ewigen und die frischgebackenen Singles aus Ihrem Bekannten- und Freundeskreis nicht aus. Die Furcht, Singles würden sich in Ihre Ehe einmischen, ist eine böse Unterstellung!
- Nehmen Sie zum Sonntagsausflug mit Ihren Kindern deren Freunde samt Eltern mit. Ganz neue Aspekte für die nächste Verhandlung von Taschengeld und Bettgehzeiten sind Ihnen sicher.

Das Umfeld verändern

Gesprächsstimuli von außen erhalten Sie gratis, wenn Sie

- statt in der Brasserie zu sitzen an der Sushi-Bar stehen;
- Geschäftspartner, die Sie nur in dunklem Anzug kennen, zur Pullover-Party am Kaminfeuer bitten;
- statt zum wiederholten Geschäftsessen im Gourmet-Restaurant vom Biobauern ein gesundes Frühstück am Samstagmorgen richten lassen;
- im Freundeskreis ein Museum besuchen oder tanzen gehen.

Lesen Sie aufmerksam Ihre Lokalzeitung; dort wimmelt es nur so von Denkanstößen: die Besichtigung einer Gänsefarm oder einer exklusiven Confiserie, Verkostung inbegriffen. Sie erfahren, wo Sie einem Goldschmied oder einem Maßschuh-Meister über die Schulter schauen können. Und Sie wissen, wo die Baumblüte derzeit am üppigsten ist.

Aktiv statt passiv

Grundschullehrer wissen: An Erlebtes erinnert man sich leichter als an Gehörtes, weil bei der rezeptiven Rolle die emotionale Beteiligung fehlt. Sorgen Sie für persönliche Erfahrungen, dann haben Sie etwas zu bereden, vor Ort und auch beim nächsten Treffen: „Wissen Sie noch?"
Zu den besonderen Erlebnissen zählen der Kochkurs beim Sternekoch, die Einweisung in die Duftkreation beim Parfumeur, der Besuch im Theater mit Künstlern, die auf Zuruf improvisieren und das Publikum einbeziehen.

Vorsicht Fettnäpfchen!

Mischen Sie berufliche und private Kontakte, sorgen Sie für Contenance: Ihre Vorgesetzte muss nicht unbedingt Zeugin sein, wenn Sie auf Ihrem Esstisch einen Table Dance aufführen!

29. Wenn das Gespräch stockt

Gelingt es Ihnen nicht, an ein auslaufendes Thema mit einem neuen Gedanken anzuknüpfen, stellen Sie eine Aussage in den Raum. Verknüpfen Sie dabei Bekanntes – „ja klar!" – mit Neuem – „na sowas!".

Gegensätze ziehen an

Menschen denken gern in Gegensätzen. Daher ist es oft erfolgreich, Thesen zu propagieren, die Vergleiche, Abgleiche und Bezüge herstellen.

- Nicht nur bei älteren Personen ist der Vergleich „früher – heute" ein Thema: „War das damals auch schon so?"
- In unserer mobilen Welt ist der Abgleich „hier – dort" ein guter Neustart, gleichgültig, ob Sie den Unterschied zwischen Stadt und Land, Nord und Süd, Ost und West meinen. „Der Christopher Street Day in Hamburg nimmt ja immer größere Dimensionen an, doch an Köln kommt er zugegebenermaßen noch lange nicht heran."
- Das beliebteste Unterscheidungsthema bleibt aber wohl – weit über Stereotype hinaus – der Vergleich „Frauen – Männer". Die Zeitungen sind voll von Ergebnissen aus wissenschaftlichen Untersuchungen und Umfragen: „Männer hören mehr Radio als Frauen. Männer gehen häufiger ins Internet als Frauen. Männer bevorzugen eher Hunde als Haustier, Frauen Katzen." ...

Reisen bildet ...

Ein Themenkomplex, auf den andere wie auf Knopfdruck reagieren, ist das Reisen. Vor dem Schengener Abkommen waren Zollgeschichten ideale Rettungsanker, heute sind sie auf Rückreisen aus dem Nicht-EU-Ausland beschränkt. Verspätungen bei Bahn und Flugverkehr und die Staus auf unseren Straßen sind nicht nur Urlaubsreisenden gegenwärtig. Und wer hat nicht schon Bekannte in der Fremde getroffen? Auf jeden Fall kennt jeder mindestens einen, von dem er ein Erlebnis zum Thema „Wie klein ist doch die Welt“ beitragen kann.

Andere ins Gespräch holen

Sie brauchen nicht immer selbst zu arbeiten, Sie dürfen ruhig die Verantwortung für den Fortlauf des Smalltalks teilen! Eine mit einem Blick in die Runde gestellte Frage kombiniert den Appell „Sagen Sie auch mal was!“ mit der Freiheit „Entscheiden Sie selbst wann“.
Sie können auch einer Person, die sich zuvor durch kommunikatives Geschick ausgezeichnet hat – nicht aber dem chronischen Schweiger –, durch Nennung seines Namens gezielt das Wort erteilen: „Sagen Sie mal, Frau Schiller ...“. Als günstig erweist sich

- die Motivationsfrage, mit der Sie Frau Schiller als Expertin für ein Gebiet ansprechen: „Sie als Hamburgerin/ Rechtsanwältin/Weinkennerin ...“
- die Suggestivfrage, mit der Sie Frau Schiller eine Antwort in den Mund legen, die sie allerdings auch ablehnen kann: „Haben Sie diese Erfahrung nicht auch schon gemacht?“
- die Aufforderung durch gezielte Blicke, die allen Beteiligten ständig das Signal geben: „Du bist mit im Boot und Teil der Mannschaft“.
- die Aufforderung zum Berichten: „Sie waren ja kürzlich in Thailand. Erzählen Sie uns doch bitte ein bisschen ...“

Vorsicht Fettnäpfchen!

Vermeiden Sie, selbst zum Verebben des Gesprächs beizutragen. Werden Sie wachsam für das Ausbleiben von Blickkontakt, Dauerreden einzelner und kürzer werdende Aussagen.

30. Smalltalk gekonnt beenden

Die Hohe Schule der Etikette verlangte, dass ein Herr eine Dame nicht allein stehen ließ. Auch heutzutage gilt: Sie dürfen eine Person, der Sie Wertschätzung entgegenbringen wollen, nicht einfach verlassen!

Elegant Grenzen setzen

Ein Gesprächsangebot abzulehnen kommt einer Ohrfeige gleich. Grenzen setzen, ohne Nein zu sagen, ist daher in einer solchen Situation gefragt. Ob Sie bei einem Kongress angesprochen werden, im Zugabteil oder am Gartenzaun: Gönnen Sie der kontaktfreudigen Person zwei oder drei Sätze, gehen Sie dann zur Tagesordnung über.

- Kündigen Sie mit einem freundlichen Lächeln an, was Sie vorhaben: „Ich begrüße gerade mal noch einen weiteren Besucher."
- Schaffen Sie Tatsachen, holen Sie Lektüre oder Laptop heraus oder nehmen Sie Ihr Gartengerät in die Hand. Einem wenig sensiblen Gegenüber können Sie erläutern: „Ich schreibe mein Protokoll fertig." „Meine Rosen brauchen Wasser."

Auf den Punkt kommen

Sie wollen vom Smalltalk auf das eigentlichen Gesprächsthema überleiten? Verweisen Sie auf die Spielregel: „Das freut mich umso mehr, als wir ja gerade zusammengekommen sind, um ..." Der Gegensatz „Aber wir sind ja ..." würde das soeben demonstrierte Interesse an der Beziehung infrage stellen.

Eleganter ist es allemal, auf ein Stichwort zu lauern und dieses als Sprungbrett in das Zielthema zu nutzen.

Sich verabschieden

Wollen Sie verdeckt vorgehen, vernetzen Sie Ihren Smalltalk-Partner mit einer weiteren Person oder einer Gruppe: „Da wir vorhin von Verona sprachen, möchte ich Sie mit Frau Castiglione bekannt machen; sie hat dort letztes Jahr die ‚Aida' gesungen." Sobald Sie die beiden in ihr gemeinsames Thema eingeführt haben, verabschieden Sie sich diskret. Erweist sich der Draht zwischen den neuen Bekannten nicht als tragfähig, können sie sich an Ihrem Vorgehen ein Beispiel nehmen und der eine den anderen anderweitig unterbringen. Gehen Sie dabei zügig vor. Ehrlichkeit und Höflichkeit müssen einander nicht widersprechen. Leiten Sie Ihre Ungeduld in Aktivität über, können Sie verbal gelassen bleiben.

- Ihr Gegenüber möchte nicht düpiert werden. Resümieren Sie das Gespräch auf positive Weise: „Es war für mich eine Bereicherung, von Ihnen eine derart kompetente Einführung zu bekommen." Für Sie ist das Gespräch bereits beendet; sprechen Sie also in der Vergangenheit!
- Ihr Gegenüber möchte nicht enttäuscht werden. Geben Sie ihm einen positiven Ausblick: „Ich freue mich sehr, wenn wir unsere Unterhaltung bald fortsetzen." Rücken Sie die Zukunft auf tröstende Weise in Reichweite; sprechen Sie in der Gegenwart!
- Ihr Gegenüber möchte keine falsche Schonung: Wenn Sie gehen wollen, gehen Sie: „Darum verabschiede ich mich jetzt von Ihnen. Ich wünsche Ihnen noch einen schönen Abend." Und jetzt: das Weggehen nicht vergessen!

Extra-Tipp

Wenn Sie gehen/sich um etwas kümmern/jemanden begrüßen „müssen", suggerieren Sie, dass Sie fremdbestimmt sind. Sagen Sie lieber, was Sie wollen, und tun Sie es. Ehrlichkeit ist eine Zier.

31. Keine Ahnung – was nun?

Weil uns der Zeitgeist das positive Denken so schmackhaft macht, tun wir uns mit Fehlern und Misserfolgen schwer.

Wer meint, ständig bei allem mitreden zu können, unterschätzt sein persönliches Risiko, in eine Wissenslücke zu fallen. Sie können umso unbeschwerter Kontakte knüpfen, je besser Sie akzeptieren, dass Ihr Spektrum begrenzt ist.

Das Kreuz mit den Wörtern

Sind Sie sicher, dass Sie diese Fehler-Klassiker vermeiden?

- falsche Vor- und Endsilben: bitte nicht „vorprogrammieren", sondern „programmieren"; nicht „aufoktroyieren", sondern „oktroyieren"
- falsche Aussprache: „Zucchini" bitte mit „k" in der Mitte und ohne „s" am Ende; „Lounge" bitte mit „au"
- falscher Artikel: richtig sind „das Ambiente", „das Flair", „die Klientel"
- falsche Bedeutung: „Ouzo" ist ein griechischer Schnaps, „Gebrauch" heißt „Usus"; die „Konifere" ist ein Nadelbaum, eine „Größe" ist eine „Koryphäe"

Eine Frage der Bildung

Eine Horizonterweiterung geht mit dem Betreten unerforschter Gefilde einher. Kluge Lerner haben deshalb Block und Bleistift in der Tasche, notieren unklare Begriffe und schlagen sie nach.

Setzt Ihr Gegenüber fälschlich eine gemeinsame Basis voraus, spiegeln Sie keine falschen Tatsachen vor. Ein Bluff ist schnell enttarnt. Ziehen Sie sich aus der Affäre, indem Sie

- partiell Ihr Unwissen zugeben: „Das habe ich nicht verfolgt."

- Fragen nicht zu Bewertungen stellen – zu denen Sie wiederum Stellung nehmen müssten –, sondern zu Erlebnissen und Empfindungen.
- den Wissensvorsprung des Gesprächspartners als Lern-Chance deuten: „Helfen Sie mir auf die Sprünge, was war da?"

Sich vorbereiten

Wollen Sie Ihr Wissen erweitern?

- Lesen Sie in Ihrer Zeitung nicht nur den beruflich relevanten Teil. Informieren Sie sich vor dem Besuch einer Veranstaltung auch über die für die Menschen, die Sie dort treffen werden, interessanten Inhalte.
- Schalten Sie in Funk und Fernsehen Wissenssendungen ein. Raten Sie mit, kombinieren Sie mit.
- Lassen Sie es nicht bei Nachrichten bewenden, verfolgen Sie Kommentare.
- Suchen Sie gezielt den Kontakt zu Personen, die nicht aus Ihrem beruflichen und häuslichen Umfeld stammen.

Auch andere machen Fehler

Bei Fehlern und Wissenslücken anderer differenzieren Sie: Ist es der Sache wirklich dienlich, wenn Sie sofort und öffentlich Ihre Korrektur anbringen? Könnte es demjenigen/derjenigen peinlich sein, von Ihnen „ertappt" zu werden? Ist die Person Ihnen gleichgültig, lassen Sie sie in dem Glauben, keinen Fehler gemacht zu haben. Haben Sie jedoch eine pädagogische Pflicht oder fühlen Sie sich für die Person verantwortlich, weisen Sie sie unter vier Augen auf den Fehler hin.

Extra-Tipp

Haben Sie Wörter oder Inhalte verwechselt und sich bei einer Einschätzung verrannt, hilft die Offenbarung: „Das habe ich völlig missverstanden" am schnellsten aus der Misere heraus.

32. Störfaktoren gut im Griff

Smalltalk ist wie Segeln. Erkennen alle Beteiligten, dass sie im gleichen Boot sitzen, übernehmen sie die Verantwortung für das gute Gelingen. Leider ist aber der Teamgeist nicht immer so gut ausgeprägt.

Wenn Sie selbst Störungen produzieren

- Nicht immer ist Ihr Gegenüber der Gesprächspartner Ihrer Wahl. Das sollten Sie ihn aber nicht spüren lassen. Halten Sie deshalb, solange Sie mit ihm sprechen, den Kontakt: Vermeiden Sie verstohlene Blicke auf Ihre oder seine Uhr, ersparen Sie ihm suchende Blicke durch den Raum, während er spricht, lassen Sie sich nicht durch unpassende Antworten oder abwesende „Hms" dabei ertappen, dass Sie ihm nicht zuhören. Ist Ihre Ungeduld berechtigt, verabschieden Sie sich fairerweise und bitten elegant um Entschuldigung.
- Ihr Handy klingelt oder vibriert? Holen Sie das Ausschalten mit dem Ausdruck Ihres Bedauerns nach. Erwarten Sie eine dringende Nachricht, bitten Sie um Entschuldigung für die Störung. Bedenken Sie, dass Ihre private oder geschäftliche Kommunikation hier öffentlich wird. Halten Sie während des Telefonats Blickkontakt zu Ihrem Gegenüber. Meldet sich Ihr Handy mit einer eingehenden SMS, verhalten Sie sich genauso.
- Müssen Sie husten oder niesen oder produziert Ihr Körper andere Pannen, bitten Sie um Entschuldigung und sprechen Sie weiter. Häufen sich die Störfaktoren, entfernen Sie sich kurzfristig und kommen Sie zurück, nachdem sich das Problem erledigt hat.

Störungen von außen

- Vermuten Sie bei Ihrem Gegenüber Fluchtabsichten, beschreiben Sie freundlich, was Sie wahrnehmen: „Sie schauen auf die Uhr, Sie haben sicherlich wenig Zeit". So hat der andere die Wahl: sich ganz auf Sie konzentrieren oder dankbar die Gelegenheit nutzen, sich zu verabschieden.
- Entsprechend können Sie einen Handy-Freak in Ruhe telefonieren lassen: „Machen Sie ruhig. Wir sehen uns sicherlich noch." Sind Sie weisungsbefugt, bitten Sie den Telefonierer unter vier Augen um eine Erklärung.
- Ob es sich um eine nasse Aussprache oder Eindringen in die persönliche Distanzzone handelt – Grenzüberschreitungen durch andere sind sicherlich auch Ihnen unangenehm. Ignorieren Sie sie, solange sie Ihre Kommunikationsfähigkeit nicht einschränken. Bieten Sie andernfalls offen und ohne sich zu rechtfertigen einen Positionswechsel an.
- Wird Ihr Gespräch zum Beispiel durch einen Kollegen oder Mitarbeiter unterbrochen, entziehen Sie Ihrem Smalltalk-Partner nicht die Wertschätzung: Bitten Sie ihn um die Erlaubnis, Ihr Gespräch für kurze Zeit zu unterbrechen: „Darf ich bitte ...?" Kehren Sie zum ihm zurück und lassen Sie es, ohne ihm Verständnis zu unterstellen, bei einem aufrichtigen „Danke, dass Sie gewartet haben" bewenden.
- Sie sind angeregt im persönlichen Gespräch, ein Dritter gesellt sich dazu. Helfen Sie ihm, sein Gesicht zu wahren. Finden Sie ein für die vergrößerte Runde gemeinsames Thema und vertagen Sie das vertrauliche Gespräch.

Vorsicht Fettnäpfchen!

Haben Sie fälschlich eine Person angesprochen, mit der Sie nicht in Kontakt treten wollten, wechseln Sie ein paar Worte mit ihr, bevor Sie weitergehen. Ein brüsker Rückzug wäre ein Affront.

33. Brisante Momente souverän meistern

Auch in brenzligen Situationen ist Smalltalk möglich, manchmal ist er sogar die Rettung! Nutzen Sie ihn, um Sprengstoff zu entschärfen; oft ist das schon im Vorfeld möglich.

Neu im Beruf

Sind Sie neu, verwickeln die alten Hasen Sie nicht nur in Gespräche, um Ihnen den Einsteig zu erleichtern. Sie wollen Sie unter die Lupe nehmen. Das ist ihr gutes Recht und es ist wiederum Ihr gutes Recht, sich wohl überlegt im besten Licht darzustellen.
Formulieren Sie mehr Fragen als Antworten. Suchen Sie eher den Smalltalk mit Gruppen als mit Einzelpersonen. Und lassen Sie sich nicht auf Verhöre ein, Sie dürfen ausweichen: „Darüber reden wir ein anderes Mal".

Das Betriebsfest

Bei Bier und Wein kommt man sich näher, wird vertrauter. Das können Sie zu Ihrem Vorteil nutzen und die eine oder andere Information auch über Ihr Privatleben einstreuen. Ist das nicht Ihr Ziel, halten Sie sich mit Alkoholkonsum, körperlicher Nähe und thematischen Vertraulichkeiten zurück. Weisen Sie aber auf- und zudringliche Vorgesetzte oder Kollegen nicht schroff in ihre Schranken; beweisen Sie Stärke durch Eleganz. Sie können:

- das Gegenüber beim Ausweichmanöver in die Verantwortung nehmen: „Meinen Sie nicht auch, dass wir das bei einer anderen Gelegenheit besprechen sollten?"
- durch den Rückgriff auf ein anderes Thema das aktuelle Themenangebot überhören: „Wo waren wir stehen geblieben?"

- der Gefahr, als Spielverderber dazustehen, vorbeugen, indem Sie sich verabschieden, bevor die Gesamtstimmung zu Grenzüberschreitungen geradezu einlädt.

Gerüchteküche

Die Hauptgründe für Klatsch und Tratsch sind der Wunsch, Teil eines Systems zu sein, und das Bedürfnis, Frustration abzubauen. Bedenken Sie: Wenn Meldungen vom „Hörensagen" weitergeleitet werden, gehen Informationen verloren oder werden dazugedichtet. Halten Sie darum im Berufs- und Privatleben Klatschtanten und Lästermäuler auf Distanz. Sind Gerüchte über Sie im Umlauf, wägen Sie gut ab, ob Sie sie im jeweiligen Fall ignorieren können oder ob Sie die Verursacher zur Rede stellen müssen.

Trauerfall

Trauerkleidung hat ihr Gutes – bei einem schwarz gekleideten Hinterbliebenen ist fürs Erste Vorsicht angesagt. Wer hingegen keine sichtbare Trauerreaktion zeigt, kann derartige Schonung von Ihnen nicht auf Anhieb erwarten. Vertrauen Sie da auf die Wissenschaft, die weiß: Viele Menschen, die ein traumatisches Erlebnis zu bewältigen haben, schaffen das aus eigener Kraft. Und wäre die trauernde Person psychisch nicht stabil, könnten Sie das mit größter Wahrscheinlichkeit an ihrer Körpersprache ablesen. Es braucht Ihnen also keinesfalls peinlich zu sein, bei der Begegnung nach dem Befinden zu fragen. Ob Sie dann über die Beisetzung oder das bevorstehende Golfturnier sprechen – das lassen Sie die betroffene Person entscheiden.

Vorsicht Fettnäpfchen!

Widerstehen Sie der Versuchung, in der Gerüchteküche mitzukochen. Wie Sie mit klatschenden Personen über andere sprechen, so sprechen jene auch über Sie!

34. Raus aus dem Fettnäpfchen!

Haben Sie sich in eine peinliche Lage manövriert, ist vor allem eines gefragt: Emotionsmanagement!

Ausweg aus dem Gefühlschaos

Gefühlsausbrüche haben im Berufsleben und in der Öffentlichkeit kein gutes Image. Das Ergebnis einer Umfrage unter Angestellten aus verschiedenen Branchen dient als Wegweiser in vermeintlich ausweglosen Situationen:

- Negative Gefühle tragen nicht zu einer guten geschäftlichen und gesellschaftlichen Atmosphäre bei, sie sollten tunlichst verborgen werden. Es ist Ihnen zum Heulen zumute, weil Sie sich über sich oder andere ärgern? Setzen Sie bitte ein Pokerface auf! Kein Aufhebens, keine Tränen.
- Positive Gefühle sollte man nicht übertreiben. Ein Ihnen witzig erscheinender „rettender" Kommentar könnte einem Betroffenen mangelndes Einfühlungsvermögen signalisieren.
- Falsche Gefühle sind erlaubt, wenn sie helfen, eine kritische Situation zu entschärfen. Vermeiden Sie Konfrontationen und Tadel. Ballen Sie die Faust nur in der Tasche.
- Gefühle sollte man nur den Personen zeigen, die diese ausgelöst haben. Der Kommentar „Da hat er sich aber wieder einen Klops erlaubt" über einen Pechvogel verbietet sich von selbst.

Haben Sie den Akzent oder das ungeschickte Verhalten einer Person nachgemacht, über sie gelästert oder sich in eine andere unangenehme Situation manövriert – ertappt zu werden ist peinlich. Wie Sie darauf reagieren, hängt von Ihrem Charakter, Ihrer Rolle in der Situation und Ihrer momentanen Verfassung ab. Wollen Sie Ihre Reaktionen nicht von der

Tagesform abhängig machen? Dann üben Sie in Fettnapf-Trainingssituationen, was Sie in der Fahrschule gelernt haben: auf die Bremse treten, abbiegen, Gas geben.

Peinlichkeiten souverän meistern

Ein Beispiel: Sie haben Ihren vernichtenden Satz über die „vermutliche Intelligenz von Blondinen" kaum vollendet und lesen in den Gesichtern der blonden Damen am Tisch, dass die erzeugte Peinlichkeit nicht übersehen und überhört werden konnte.

- Auf die Bremse treten: Jetzt sagen Sie kurz und knapp das Zauberwort „Pardon". „Das war einfach dumm", fügen Sie noch hinzu. Mehr nicht. Ehrlichkeit ist eine gute Waffe, eine überflüssige Rechtfertigung nicht.
- Abbiegen: Nach dem Bremsmanöver lenken Sie die Aufmerksamkeit auf Harmloses. Stellen Sie eine Frage oder These in den Raum: „Wer möchte noch einen Schluck Wein?" Oder: „Mir ging da eben durch den Kopf – ich sollte am Wochenende noch ..."
- Gas geben: Fantasie und Kreativität schaffen Freiräume für neue Assoziationen. Vielleicht tun Sie Buße: „Dazu würde meine Frau sagen: Du hast es nicht besser verdient." Vielleicht kommentieren Sie rätselhaft: „Dazu möchte ich jetzt nur so viel sagen: Oje." Damit erhöhen Sie die Spannung und lenken sie auf etwas anderes, Unbekanntes. So gewinnen Sie Zeit, sich eine andere Route zu überlegen. Vielleicht bitten Sie um Rettung: „Wer hilft mir jetzt aus diesem Fettnapf wieder heraus?"

Vorsicht Fettnäpfchen!

Wenn Ihr Tischnachbar erwähnt, dass er oft die Cayman Islands, Luxemburg und die Schweiz besucht, fragen Sie besser nicht nach: Es könnte um viel (Schwarz-)Geld gehen!

35. Langweiler aus der Reserve locken

Langeweile kommt beim Plaudern häufig auf, wenn Beteiligte mit aufgabenorientiertem Smalltalk-Stil sich zu wenig als Personen in die Begegnung einbringen und der Sachlichkeit den Vorzug geben.

Schweiger zum Sprechen bringen

Stellen Sie zuerst einmal alle Spekulationen darüber ein, warum ein Schweiger nichts sagt.
Es wäre zu viel verlangt, von jemandem, der nichts sagt, die Erläuterung zu erwarten, warum er nichts sagt. Ermuntern Sie ihn zum Handeln. Signalisieren Sie ihm, dass seine Beteiligung gefragt ist, aber nicht erzwungen wird. Geben Sie ihm die Gewissheit, bei Ihnen mit seinen Äußerungen auf Sachverstand und Verständnis zu stoßen.

- Binden Sie ihn durch Augenkontakt und eine offene Mimik in den Gesamtkontext ein.
- Sprechen Sie langsam, ruhig und eher weniger als sonst.
- Sprechen Sie hin und wieder seinen Namen aus, greifen Sie nonverbale Regungen von ihm auf: „Sie lachen, das scheint Sie zu amüsieren."
- In der Gruppe zitieren Sie ihn: „Wie Herr Krämer letzte Woche sagte ..."; lenken Sie damit das Interesse auf ihn.
- Sprechen Sie ihn kurz darauf mit seinem Namen an, bitten Sie ihn um eine Einschätzung, die auf seiner Sachkompetenz beruht: „Herr Krämer, Sie haben als Landschaftsgärtner sicherlich Erfahrung mit dieser Entwicklung gemacht."

In diesem geschützten und begrenzten Rahmen wird Herr Krämer seine Erfahrungen einbringen. Vielleicht bleibt er weiterhin wortkarg; lassen Sie ihm diese Freiheit. Verpasst er Ihnen nun eine wissenschaftliche Analyse, freuen Sie sich darüber, dass Sie ihn aus der Reserve gelockt haben.

Langatmige Ausführungen unterbinden

Sind Sie allein mit trockenen Darlegungen konfrontiert, brauchen Sie eine neue Definition der Begegnung: Selbst wenn es für Sie nicht spaßig ist, hat offensichtlich Ihr Gegenüber einen Vorteil davon. Das muss für den Anfang reichen. Hören Sie zu und machen Sie eine Übung zur rhetorischen Detailanalyse daraus.

Sind Sie jedoch für eine Gruppe verantwortlich, müssen Sie einschreiten. Gehen Sie dabei behutsam vor:

- Stellen Sie alle Detailfragen zu dem Thema ein, zu dem diese Person Expertise mitbringt.
- Fassen Sie einen Teilaspekt zusammen, führen Sie zum Gesamtthema zurück: „Sie haben uns nahe gebracht, warum Sie die italienischen Weine für fruchtiger erachten als die französischen. Da wir vom Weinanbau generell sprachen, ...“
- Diese Person stellt gern logische Verknüpfungen her; finden Sie eine solche zu einem anderen Thema: „Sie erwähnten die italienischen Weißweine. Ich trinke sie am liebsten zu Pasta und gegrilltem Fisch.“
- Bringen Sie inhaltliche Stärken anderer Gesprächsteilnehmer ins Spiel: „... gegrillter Fisch. Frau Müller, haben Sie nicht von einem internationalen Grillwettbewerb erzählt?“
- Danken Sie dem, der das Wort abgeben musste, nonverbal: Mit Ihrem Nicken und einem Lächeln bleibt er im Spiel, auch ohne zu sprechen.

Extra-Tipp

Vermeiden Sie einer sachlich orientierten Person gegenüber, eine betont lockere Stimmung an den Tag zu legen. Sie wäre überfordert und könnte gänzlich aus dem Gespräch aussteigen.

36. Dominante Smalltalker im Zaum halten

Wer andere Menschen weniger als Smalltalk-Partner auffasst denn als Publikum, hält sich schwer im Zaum und integriert sich schwer. Er braucht Ihre Hilfe!

Warten Sie mit Ihrer Initiative nicht, bis Ihnen ein Geistesblitz einfällt. Werden Sie nämlich von einer aktiven Person bereits als Zauderer eingestuft, erwartet diese kaum noch eine Aktion von Ihnen und reagiert möglicherweise gar nicht mehr. Bringen Sie sich daher möglichst früh ins Gespräch ein. Denn nur wer aktiv an der Unterhaltung teilnimmt, dem wird ein persönlicher Einsatz für die gemeinsamen Interessen zugestanden und gern zugehört.

Unterbrechungen

„Jetzt rede ich." Wer in Fahrt gekommen ist, lässt sich nicht so leicht in seinem Redefluss stoppen. Gehen Sie darum zügig und konsequent, aber ohne den leisesten Hauch von Tadel vor:

- Sie öffnen Ihre Arme und beugen sich vor.
- Sie sprechen den Dauerredner mit einer zügigen Handbewegung, mit fester Stimme, klarer Artikulation und Augenkontakt an: Menschen sind so konditioniert, dass sie innehalten, wenn sie ihren Namen hören.
- Belohnen Sie ihn dann für seine Aufmerksamkeit: Stellen Sie nicht Gegensätze in den Vordergrund, sondern Gemeinsamkeiten, aus denen Sie dann die Unterschiede entwickeln. Verzichten Sie auf absolute Begriffe, lassen Sie Raum für Alternativen.
- Lenken Sie gegebenenfalls Ihren Blick von ihm in die Runde. Die leichte Irritation wird ihn stoppen.

Werden Sie selbst wiederholt Opfer einer Unterbrechung, nutzt Ihnen weder ein flehendes noch ein trotziges „Darf ich bitte noch ausreden?“. Reden Sie stattdessen weiter über Ihr Thema, behalten Sie Ihr Tempo und Ihre Lautstärke bei, artikulieren Sie deutlich.

Wertungen und Kritik

„Wie kann man nur solche Häuser bauen/Musik hören/Dinge sagen!“ Wer den Ton angibt, nimmt sich das Recht zu urteilen, ohne Rücksicht auf Anwesende. Redet der Betreffende über Unbeteiligte, dürfen Sie ihn in sein selbst aufgebautes Fettnäpfchen treten lassen. Dann denken Sie munter, dass „jeder sich so gut blamiert, wie er kann“. Meist sind dominante Personen sich der Brisanz ihrer Wertungen gar nicht bewusst. Leiten Sie, um Schlimmeres zu verhindern, einfach einen Themenwechsel ein.
Sind jedoch anwesende Personen ins Visier des Kritikers geraten, sollten Sie eingreifen, um einer Eskalation vorzubeugen. Mit ihm über strittige Bemerkungen zu diskutieren hieße, Wasser auf seine Mühlen zu gießen. Richten Sie Ihren Blick auf den Kritiker und von dort in die Gruppe. Retten Sie sich in allgemeine Gefilde wie „Das kann man so oder so sehen“ oder „Die Geschmäcker sind bekanntlich verschieden“ oder „Jedem Tierchen sein Pläsierchen“. Derlei Aussagen strotzen nicht übermäßig vor Esprit, sind aber konsensfähig und darum im Sinne der Harmonie erlaubt.

Extra-Tipp

Auf Provokationen gelassen zu reagieren ist eine Kunst: Lassen Sie sich nicht auf ein vermintes Gebiet ziehen, bei dem Sach- und Beziehungsebene vermischt werden. Entweder Sie verbitten sich unsachliche Einwürfe oder Sie beziehen sich rein auf den Sachaspekt des Einwurfs.

37. Von Moralaposteln und Lamentierern

„Das macht man doch nicht." Wer seine hoch moralische Grundhaltung in den Smalltalk einfließen lässt, wird leicht als Spielverderber ausgestoßen. Helfen Sie ihm, im Spiel zu bleiben.

Wie unangenehm es für Sie auch sein mag, hören zu müssen, wie etwas zu sein hätte und wie stark sich ein Smalltalker für das Wohl der Menschheit engagiert – hören Sie auch einem Moralisten gut zu, und sei es, um ihn mit seinen eigenen Waffen zu schlagen.

Achtung, Oberlehrer!

Unterstellen Sie einem Smalltalker mit Oberlehrer-Syndrom positiv, dass er Sie oder andere keineswegs klein machen will. Er handelt im Glauben an das Gute im Menschen!

- Sie haben einen Autor falsch zitiert? Das wird Ihnen künftig nicht mehr passieren.
- Sie haben ein Fremdwort falsch ausgesprochen? Gut, dass Sie nun die korrekte Aussprache lernen. Fragen Sie, ob Sie es jetzt richtig machen. Ein ironischer Unterton wäre dagegen deplatziert.
- Sie sind immer noch nicht karitativ tätig? Vielleicht überlegen Sie es sich wirklich endlich einmal.

Greifen die schulmeisterlichen Ausführungen auf Menschen über, die in Ihrer Obhut stehen – Ihre Gäste beispielsweise –, können Sie von deren Seite nicht unbedingt mit so viel Gelassenheit rechnen. Danken Sie dem Moralisierer für seine Einschätzung, bitten Sie ihn im Extremfall unter einem Vorwand aus dem Raum und erinnern Sie ihn vor der Tür freundlich an die Spielregeln: „Ich weiß, wie viel Ihnen an der Sache liegt. Da wir jedoch hier sind, um zu feiern, eine kleine Bitte: Könnten Sie Ihr Engagement mir zuliebe ein wenig hintanstellen?" Dem Moralisierer ist es wichtig, die Dinge gut und richtig zu machen, möglicherweise ist er Ihnen für diesen Hinweis dankbar. Auf jeden Fall wird er Ihre Bitte um Unterstützung nicht ausschlagen – unter der Bedingung, dass Sie sich jeden Anflug von öffentlichem Tadel verkneifen.

Ganz wichtig: Danken Sie ihm am Ende des Gesprächs unter vier Augen für sein Engagement in Ihrem Sinne.

Jammerer und Lamentierer

Wer überall Probleme sieht, muss sich aussprechen und sucht dafür ein offenes Ohr. Der gesellige Smalltalk ist dafür jedoch der falsche Platz. Sind Sie mit einem Jammerer allein, seien Sie stolz auf das Vertrauen, das er Ihnen entgegenbringt. Geschieht das Klagen vor Dritten, sorgen Sie dafür, möglichst unter vier Augen, dass der Lamentierer seinen Frust vor Ihnen allein auspackt. „Lassen Sie uns für zehn Minuten an die frische Luft gehen." Seien Sie geduldig, hören Sie gut zu, verweisen Sie auf andere Helfer an anderem Ort zu anderer Zeit. Auch hier das „Danke für Ihr Vertrauen" nicht vergessen!

Sind die Bedingungen für eine Sonderbehandlung nicht gegeben, weisen Sie auf das für persönliche Themen ungünstige Umfeld hin: „Ich fürchte, das würde den Rahmen sprengen, und bitte um Ihr Verständnis." Bleiben Sie durchgehend empathisch. Ein Jammerer, der sich unverstanden fühlt, zieht sich leicht in sein Schneckenhaus zurück.

Extra-Tipp

Ist eine Person tatsächlich in Not, sorgen Sie für Hilfe. Die wird mit Sicherheit nicht im Bereich Smalltalk und wahrscheinlich eher im Handeln als im Sprechen liegen.

38. Umgang mit Spaßvögeln

Mit Menschen zu plaudern, die Humor schätzen und Geschichten erzählen können, ist eine wahre Freude. Doch was tun, wenn sich die guten Unterhalter zu Possenreißern entwickeln?

„Wehre den Anfängen", das alte römische Prinzip greift in diesem Fall nicht. Es ist schließlich nicht schon zu Beginn einer fröhlichen Unterhaltung zu befürchten, dass das Ganze in Klamauk umschlagen könnte.

Alleinunterhalter

Ein Alleinunterhalter bezieht seinen Selbstwert aus dem Applaus seiner Mitmenschen. Sorgen Sie dafür, dass ihm genug davon zuteil wird! Andernfalls kommt ihm die gute Laune abhanden und er kann sich zum Störenfried wandeln.
Sind Sie mit einer Plaudertasche allein, erfreuen Sie sich im informellen Rahmen an seinem Show-Talent, im ernsten Kontext führen Sie ihn mit einem Lachen auf den Lippen vom Smalltalk zu Ihrem eigentlichen Anliegen. In der Gruppe können Sie sich als bloßer Teilnehmer erheitert zurücklehnen; haben Sie jedoch Verantwortung für das Gelingen der Gemeinschaft, müssen Sie dem selbst ernannten Show-Master Einhalt gebieten.
Der Alleinunterhalter erzählt und erzählt – gern von Beziehungen, gern von Abenteuern, gern von Spaß. Bitten Sie ihn, weiter zu erzählen, lenken Sie aber dabei den Fokus auf sachliche Einzelheiten und Analysen. Spaßvögel nehmen es in der Regel nicht so genau mit Präzision und Fakten. Da halten sie lieber einmal freiwillig den Mund – und schon sind andere wieder im Gespräch.

Witzbolde

Wer einen Witz erzählt, will andere nicht glücklich machen; er ist glücklich, wenn er das Lachen anderer steuern kann. Er darf dann ruhig das Heft in der Hand behalten, sollte es aber im Sinne der Gemeinschaft nutzen.
Gegen gute Witze wird kaum jemand etwas einzuwenden haben, doch über die Qualität eines Witzes entscheidet bekanntlich der, der ihn hört. Ob ein Witz unter die Gürtellinie zielt, sich über Minderheiten lustig macht oder einfach nur nicht komisch ist, ist dabei unerheblich: Gefällt Ihnen ein Witz nicht, sorgen Sie dafür, dass es bei diesem einen unpassenden Witz bleibt. Verzichten Sie jedoch auf:

- Wertung und Kritik: „Der Witz hat so einen Bart ..."
- moralische Belehrungen: „Es ist unerträglich, wie du Frauen niedermachst ..."
- Angriffe und Unterstellungen: „Du musst wohl ein Problem mit Frauen haben ..."

Klüger ist es,

- den Witz zu ignorieren und den auf Applaus hoffenden Erzähler auf dem Trockenen sitzen zu lassen oder
- ihn zu fragen: „Welche Reaktion hast du dir eigentlich von uns gewünscht?"

So werfen Sie den Erzähler aus der Bahn und geben ihm doch die Verantwortung zurück.

Vorsicht Fettnäpfchen!

Der Hinweis auf „tolle" Bekannte, gefällt besonders Angebern sehr. Bitten Sie ruhig um einen detaillierten Bericht über die Begegnung in des Kanzlers Bungalow. Entweder der Angeber streicht die Segel oder Sie erfahren nun echte Fakten.

39. Jenseits von Rhein und Ärmelkanal

Bei Staatsbesuchen wird gern eine grenzüberschreitende Freundschaft propagiert. Die Umarmungen der Politiker können jedoch nicht über gegenseitige Vorurteile und Missverständnisse hinwegtäuschen.

Mit Worten spielen: Smalltalk mit Franzosen

Den Franzosen imponieren Klarheit, Präzision und Höflichkeit.

- Verwenden Sie die Anreden „Madame, Monsieur" ohne Namen.
- Sprechen Sie das Zauberwort „pardon" häufig aus.
- Hören Sie genau hin, ob die Ansprache mit Vornamen mit „tu" – du – oder „vous" – Sie – verbunden wird.

Verzichten Sie auf gängige Klischees:

- Von der „Grande Nation" spricht links des Rheins kein Mensch, so vermessen sind auch Patrioten nicht.
- Von „Gott in Frankreich" ist dort nie die Rede. Auch ist das Stereotyp falsch, dass die Franzosen zwar schlecht arbeiten, dafür aber gut leben könnten.
- Das französische „savoir-vivre" können Sie getrost loben, auch wenn Sie fälschlich „Lebensart" damit meinen (es bedeutet „gutes Benehmen").

Tabuthemen sind Vichy-Regierung und Résistance, die Integration muslimischer Mitbürger und der aktuelle Rechtsruck, die Kernkraftwerke an der Staatsgrenze, fehlende Mülltrennung und Tierschutz (Gänsestopfleber, Froschschenkel).
Die soziale Position eines Menschen hat großen Stellenwert. Hoch angesehen: der Patron, der Entscheidungsgewalt und

Fürsorge für die Mitarbeiter in sich vereint. Sie müssen ihm bei einem Geschäftsessen nicht unbedingt widersprechen. Mit der Kenntnis der Fernsehmoderatoren können Sie genauso punkten wie mit jeweils aktuellen politischen Ereignissen. Argumentieren Sie wortgewandt und klar, das gefällt.

Großbritannien: Smalltalk auf Distanz

Flüche öffnen Ventile aus tabuisierten Lebensbereichen. Den Briten dient die Sexualität als Reservoir für spontane Ausrufe negativer Art. Seien Sie also nicht geschockt, wenn Sie mit „four-letter-words" konfrontiert werden, ihre Bedeutung hat sich längst von ihrem Ursprung entfernt. Aber: Lassen Sie kein einziges Schimpfwort über Ihre Lippen kommen. Das könnte Ihrem Status allzu sehr schaden.
Beobachten Sie genau den Grad der praktizierten Förmlichkeit: Ihre britischen Gesprächspartner können sich äußerst förmlich oder völlig locker verhalten. Wichtig: „Never mix business with pleasure", Dienst ist Dienst, Schnaps ist Schnaps. Riskant wäre es vor allem,

- die Nordirland-Frage zu stellen,
- Großbritannien Europa zuzurechnen und
- die Treue zu den USA zu tadeln.

Auch die Royals sind kein sicheres Thema. Sprechen Sie lieber

- vom Wetter,
- vom – schottischen! – Whisky und
- vom Golf.

Vorsicht Fettnäpfchen!

Befleißigen Sie sich einer korrekten Aussprache – ob Sie in Frankreich Ihre Kenntnisse der lokalen Delikatessen und Weine zum Besten geben oder im United Kingdom britische Eigennamen zitieren.

40. Die neuen EU-Beitrittsländer

Zwar weisen die neuen Beitrittsländer in ihrer Geschichte und Kultur einige Gemeinsamkeiten auf, Verallgemeinerungen sind dennoch nicht angebracht.

Allgemein gute und weniger geeignete Themen

- Thematisieren Sie die zahlreichen Städte und Regionen, die auf der Liste des UNESCO-Weltkulturerbes stehen. Dazu gehören unter anderem die Altstädte von Riga (Lettland), von Vilnius (Litauen), von Budapest sowie der Neusiedler See (Ungarn).
- Tabu ist alles, was an eine fremdbestimmte Vergangenheit mit ethnischen Minderheiten erinnert: die russische an der Ostsee oder die Roma in der Slowakischen Republik.

Die baltischen Staaten

Esten wird nachgesagt, sie seien schweigsam wie die Finnen – halten Sie Pausen aus! Mit Musik locken Sie sie aus der Reserve: Estland verfügt über die höchste Chor-Dichte weltweit. Der allgemein hohe Bildungsgrad ermöglicht zudem niveauvolle Gespräche über Wissenschaft, Architektur und Literatur.

Lettisch ist mit Litauisch und sonst keiner europäischen Sprache verwandt. Folklore gilt keineswegs als verstaubt; Tanz und Chorgesang werden geschätzt.

Bringen Sie Litauen nicht in Verbindung mit Polen und Russland; auch die über die Jahrzehnte schwierigen Beziehungen zwischen Litauen und Deutschland müssen Sie nicht thematisieren. Betonen Sie den Mut des litauischen Volks. Basketball ist populär.

Mitteleuropa

Glaube und Vaterlandsliebe werden hochgehalten, die Erfolge polnischer Sportler sind legendär. Freunden Sie sich mit dem einen oder anderen Werk eines russischen Literaturnobelpreisträgers oder Komponisten an.
Slowaken und Slowenen zu verwechseln wäre ein grober Fauxpas. Heben Sie landschaftliche Schönheiten hervor und die sportlichen Erfolge, vor allem im Eishockey. Viele Slowaken spielen erfolgreich in der US-Profiliga.
Slowenien fühlt sich nicht mit den ex-jugoslawischen Staaten Serbien und Bosnien verwandt, sondern mit den Nachbarn Italien und Österreich. Gute Anknüpfungspunkte sind die Mittelmeerstrände, Hochgebirge, Karstlandschaften, die reiche Tierwelt.
In Tschechien gilt es, jede Beziehungsstörung weiträumig zu umschiffen. Nach einer förmlichen Begrüßung erwähnen Sie die vielen tschechischen Komponisten, Interpreten, Oscar-Preisträger und Sportler von internationalem Renommee.
Ungarn wollen ihr Gesicht wahren, Höflichkeit wird groß geschrieben. Nach einem knappen Jahrhundert Bevormundung durch andere Staaten kam 1989 Ungarns politische Sternstunde; diese sowie das reiche kulturelle Erbe dieser Nation, ihre Schriftsteller, Erfinder und Sportler sind ideale Themen.

Extra-Tipp

Tschechien, Slowakei und Ungarn gehörten bis Ende des Ersten Weltkriegs zur Doppelmonarchie Österreich-Ungarn. Der Begriff Baltikum ist rein geografisch; Estland, Lettland und Litauen sind stolz auf ihre jeweilig eigenständige Nationalität. Polen, die Slowakische Republik, Slowenien, Tschechien und Ungarn zählen zu Mitteleuropa, der geografische Mittelpunkt Europas liegt in der Südslowakei.

41. Amerika von Nord bis Süd

„Um jemanden zu überzeugen, musst du seine Sprache sprechen", forderte der indische Ministerpräsident Jawaharlal Nehru. Schließlich ist die Sprache die Landkarte, die die Weltsicht eines Kulturkreises abbildet.

Die USA – Kernland des Smalltalk

Einige zentrale Faktoren prägen die Kontakte mit der im Business größten Bevölkerungsgruppe, der Upper Middle Class europäischer Abstammung. Sie orientiert sich auch heute an den in der Unabhängigkeitserklärung von 1776 definierten Rechten „Leben, Freiheit und Streben nach Glück". US-Amerikaner sind im Business entsprechend zielstrebig; im informellen Miteinander hingegen herrscht ein lockerer, heiterer Umgangston. Die Folgerung, es gäbe keine hierarchischen und statusbedingten Unterschiede, ist jedoch falsch. Errungenschaften wie Haus, Sportwagen und Motorjacht im Smalltalk zu thematisieren ist jedoch kein Problem; Neid ist weitgehend unbekannt: Wer viel erreicht, hat auch viel Respekt verdient.

„Where are you from?" Kontakte anbahnen, Komplimente machen, Optimismus verbreiten, lustige Anekdoten erzählen – diese „soft skills" sind gefragt und doch meist nicht mehr als „soziale Geräusche", die eine Beziehung beginnen und fördern helfen. Genauso wird auf die Frage „How are you?" keine inhaltliche Antwort erwartet. Direkter Augenkontakt wird als Ehrlichkeit gewertet, aber bitte nicht übertreiben! Schwierig kann jedes Thema werden, das den Nationalstolz ankratzen könnte – vom Vietnamkrieg bis zu allem, was mit den Terroranschlägen vom 11. September 2001 in Zusammenhang steht.

Plaudern in Lateinamerika

Die Unterschiede zwischen den einzelnen Ländern sind gemäß ihrer historischen Entwicklung groß. Wer Spanisch spricht, kommt jedoch damit und dem „Portañol", einer Mischung aus Spanisch und Portugiesisch, recht gut zurecht – auch in Brasilien, dessen offizielle Sprache Portugiesisch ist.
Verzichten Sie auf die spanische Art, S-Laute an den Schneidezähnen zu brechen; in Lateinamerika wird das als überzogen betrachtet.
Bringen Sie keinesfalls Ihr Wissen um Problembereiche wie illegale Auswanderung, Diktatoren, Prostitution und die Drogenmafia ein.

- Die reiche Kunstgeschichte und regionale Vielfalt machen den Smalltalk in Lateinamerika leicht – von den Ausgrabungen im mexikanischen Palenque bis zu den Wasserfällen von Iguazú werden Sie sicher irgendetwas besichtigt haben.
- Sie können auch persönlich werden und von Ihrer Familie, Ihrem Beruf und Ihrer Freizeit erzählen. Rechnen Sie mit Fragen dazu, ausweichende Antworten sind erlaubt.
- Angeboten der körperlichen Nähe wie Berührungen am Arm und Umarmungen zur Begrüßung auszuweichen wäre ein grober Fauxpas.
- Würdigen Sie Einladungen in die besten Restaurants am Platze. Laden Sie selbst dorthin ein: Ihr sichtbarer Status und die Anerkennung und Unterstützung durch Einheimische liegen nah beieinander.

Vorsicht Fettnäpfchen!

Die Lebensstile der Urbevölkerung von Nord- und Südamerika tragen im öffentlichen Leben nur zur Folklore bei. Kommentieren Sie das nie. Fragen Sie nicht nach der Abstammung eines Gesprächspartners von den „Indianern".

42. Naher und Ferner Osten

Diskretion, Achtsamkeit und Würde tragen im gesamten asiatischen Raum zu einem guten Ansehen bei. Vermeiden Sie alles, was zu einem Gesichtsverlust führen könnte.

Politische Themen liegen gerade im Umfeld politischer Krisengebiete nahe; hüten Sie sich dennoch vor Kommentaren über

- das Respektieren der Menschenrechte,
- den Umgang mit ethnischen Minderheiten,
- die Gleichberechtigung von Mann und Frau,
- Terrorismus und den internationalen Umgang damit.

Werden Sie auf ein Terrain gezogen, das Ihnen unangenehm ist, kommentieren Sie: „Das klingt interessant."

Fingerspitzengefühl in Nahost

Sie dürfen in von Globalisierung und Urbanisierung geprägten Milieus mit einer Lockerung der von den Religionen geprägten Kommunikationsgebote rechnen. Das ist in Israel, in der Türkei und den Vereinigten Arabischen Emiraten eher der Fall als im Iran und Saudi-Arabien. Gute Themen sind

- Sport, vor allem Fußball, Pferde- und Kamelrennen sowie Falkenjagd;
- gemeinsame Bekannte;
- Wirtschaft, Geschäfte und Weltpolitik.

Gemeinsamkeiten und Gegenseitigkeit spielen eine große Rolle; fragen Sie also nicht, ohne von sich zu erzählen. Rechnen Sie damit, dass Sie über die Anzahl Ihrer Kinder Auskunft geben müssen. Sind Sie Single oder gewollt kinderloser Ehepartner? Legen Sie sich Erklärungen zurecht.

Weltanschauungen im Fernen Osten

Selbst das umfassendste Handbuch über Sitten und Gebräuche eines Landes kann keine genaue Vorhersage über das Verhalten einer einzelnen Person liefern, schon gar nicht im überaus heterogenen Fernen Osten.
Das Verhalten einer Person dort wird durch die Einbettung in die jeweilige Weltanschauung verständlich. So ist China vom Mahayana-Buddhismus geprägt, der für Opfer und harte Arbeit dem Individuum den Einzug ins Nirvana verspricht. Japaner fühlen sich häufig dem Konfuzianismus und damit der Gruppe und dem Gemeinwohl verpflichtet. Taoismus und Shintoismus betonen die Vereinigung von Unterschiedlichem in Harmonie. Für den Smalltalk bedeutet das:

- Erweisen Sie dem jeweiligen Weltbild Respekt; dann dürfen Sie Ihrerseits mit Respekt rechnen.
- Informieren Sie sich über den Status der Personen, denen Sie begegnen werden.
- Fahren Sie Ihre Antennen aus, respektieren Sie Rituale.
- Richten Sie Fragen/Bitten vorzugsweise an Gleichrangige.
- Schildern Sie positive Eindrücke über das Land.
- Loben Sie das Unternehmen.
- Setzen Sie Humor ein.
- Stellen Sie Fragen zu Sitten und Gebräuchen.
- Deuten Sie Lächeln und Nicken nicht generell als Anzeichen der Zustimmung.
- Zum Abschied immer Dankesworte!

Extra-Tipp

Sprechen Sie Ihr Englisch langsam, gut artikuliert und in kurzen Sätzen. Kompensieren Sie Verständnisschwierigkeiten nicht durch erhöhte Lautstärke. Erscheinen Sie pünktlich, bringen Sie Geduld mit und halten Sie Schweigen aus.

43. Smalltalk und die Etikette

Die Etikette ist heutzutage kein starres Regelwerk mehr. Wie der Smalltalk basiert sie auf dem Wissen um Wahrscheinlichkeiten und der Annahme, dass jeder ein potenzieller Verbündeter sein kann.

Grüßen und begrüßen

- Wer einen anderen zuerst sieht, entbietet den Tagesgruß. Dann kann die ranghöhere Person entscheiden, ob die Hände geschüttelt oder sogar Wangenküsschen verteilt werden oder nicht.
- Gastgeber reichen ihren Gästen unabhängig von ihrem eigenen Rang die Hand.
- Ist eine Rangfolge unter den Gästen bekannt, bekommt die Nummer eins als Erste den Handschlag, dann die Nummer zwei. Dame oder Herr, das spielt protokollarisch eine untergeordnete Rolle. Meist werden die weiteren Gäste praktischerweise der Reihe nach begrüßt.
- Entbieten Sie beim Herantreten an die Gruppe mit Blickkontakt und einer offenen Geste ein kollektives „Willkommen". So fühlt sich auch der, der Ihre Hand als Letzter berühren darf, nicht zurückgesetzt.
- Lehnen Sie eine ausgestreckte Hand niemals ab.

Sich vorstellen

Ob Sie sich als Gastgeber präsentieren oder als Gast – jedes Gegenüber ist dankbar für klar formulierte Informationen, die ihm erlauben, Sie einzuordnen.

- Beginnen Sie mit dem Tagesgruß.
- Erwähnen Sie dann Ihren Vornamen.
- Sprechen Sie erst danach Ihren Familiennamen aus.

- Geben Sie Ihre Rolle bekannt, die Sie bei diesem Anlass spielen: verschwägert, befreundet, in organisierender Funktion, Geschäftsführerin.

Reichen Sie dem Gegenüber auch mental die Hand. Sobald sie oder er sich identifiziert hat, schlagen Sie mit dem Begriff „ebenfalls“ eine Brücke zu ihm: Was haben Sie mit ihm gemeinsam? Finden Sie es gemeinsam heraus!

Zeit und Raum

Dass Unpünktlichkeit grob fahrlässig die gute Atmosphäre gefährdet, liegt auf der Hand. Informieren Sie Kunden, Geschäftspartner, Gastgeber, wenn Sie auch nur ein paar Minuten zu spät kommen werden. Bitten Sie bei Ihrer Ankunft ausdrücklich um Verzeihung. Kommt eine Person, auf die Sie warten mussten, – endlich! – an, tragen Sie zum guten Klima bei, indem Sie ihr die Verspätung nachsehen. Freunde und Schutzbefohlene – Kinder, Mitarbeiter – können Sie freundlich an die Spielregeln erinnern.
Sind Sie Geschäftspartnerin, Anwalt, Assistent oder Gastgeberin? In jeder beruflichen Position und privaten Situation gibt es Gelegenheiten, Menschen zu begleiten.

- Gehen Sie links von der zu begleitenden Person: Rechts ist innerhalb einer Zweiergruppe der Ehrenplatz. Die Ausnahme: Rechts lauert Gefahr, wie zum Beispiel auf einem Bürgersteig, wenn Sie gegen die Fahrtrichtung gehen.
- Lassen Sie Lebenspartner nebeneinander gehen. Mogeln Sie sich nicht in ein System hinein.
- Lassen Sie anderen in überschaubaren Räumen den Vortritt, das wird als Ehrerbietung gedeutet.
- Übernehmen Sie jedoch auf langen Gängen und beim Betreten eines Restaurants Schutz und Führung. Öffnen Sie Türen und schließen Sie sie nach Ihren Gästen.
- Der Schutzgedanke erfordert logisch, dass Gäste die Treppe hinauf zuerst gehen, der Gastgeber jedoch die Treppe hinunter zuerst, quasi als Puffer für den Fall eines Falles.

44. Adressen/Bücher, die weiterhelfen

Kontaktadresse der Autorin

Elisabeth Bonneau
Hasemannstraße 8
79117 Freiburg
E-Mail: info@bonneau.de
www.bonneau.de

Die Autorin leitet firmeninterne und öffentliche Seminare und Workshops zur Kunst des Smalltalks, zu Gesprächsführung, Rhetorik und gewandtem Auftreten. Einzel-Coachings für Führungskräfte. Ziel der Arbeit ist immer ein authentisches Verhalten, niemals Fassadenpflege!

Weitere hilfreiche Adressen/Webseiten

www.mdr.de/hier-ab-vier/vorsicht-fettnaepfchen/

Einmal im Monat beantwortet Elisabeth Bonneau montags ab 18 Uhr live im mdr Fragen der Zuschauer zu Auftreten und Kommunikation im privaten und beruflichen Alltag. Telefonnummer und Faxabruf werden während der Sendung eingeblendet.

Marianne Jensen und Arno Hermer
Luxemburgplatz 3
65185 Wiesbaden
E-Mail: HermerJensen@aol.com
www.herjeh.de

Die Theaterpädagogen leiten Seminare unter der Fragestellung „Wie fülle ich meine Rolle ganz und überzeugend aus?“

FG IWK Uni Jena
Ernst-Abbe-Platz 8
07743 Jena
E-Mail: dialog@interculture.de
www.interculture.de
Interkulturelle Unternehmensberatung, deren internationales Team als Bindeglied zwischen Forschung und Praxis dient.

LIFO® Products & Consulting
Nymphenburger Straße 148
80636 München
E-Mail: Katharina.Schweizer@lifoproducts.de
www.lifoproducts.de
Seminare zu effektiver Kommunikation, zielführendem Coaching und erfolgreicher Unternehmensberatung auf der Basis der LIFO®-Methode

Bücher der Autorin

Bonneau, Elisabeth: *Erfolgsfaktor Smalltalk.* Gräfe und Unzer Verlag, München
Der Ratgeber mit Hintergrundinformationen und vielen Übungen hilft, mühelos einen Kontakt zu knüpfen, ihn selbst in schwierigen Situationen zu halten und ihn elegant zu beenden.

Bonneau, Elisabeth: *Mini-Knigge.* Gräfe und Unzer Verlag, München
Der GU-Kompass präsentiert die zeitgemäßen Umgangsformen auf einen Blick im praktischen Taschenformat. Mit Fettnapf-Frühwarn-System.

Bonneau, Elisabeth: *Stilvoll zum Erfolg.* Hoffmann und Campe, Hamburg
Das umfassende Kompendium für alle, die mit Stil leichter zum Ziel kommen wollen. Die Themen schließen alle Facetten des gewandten Auftretens im Beruf von Business-Etikette über Dress-Code bis hin zu Smalltalk und Rhetorik ein.

Bonneau, Elisabeth: *Smalltalk und Sanfte Akquise.* Deutscher Sparkassen-Verlag, Stuttgart
Anleitung zum Herstellen des guten Drahts bei beruflich bedingten gesellschaftlichen Anlässen. Für Mitarbeiter/innen in Kreditinstituten.

Darüber hinaus
Atkins, Stuart/Katcher, Allan: *LIFO® Handbuch Verkaufsstile.* LPC, München
Einführung in die LIFO®-Methode zur Analyse von Verhaltensstilen. Für Verkauf und Beratung empfehlenswert.

Kobschätzky, Andreas (Hrsg.): *Zitate. Für jeden Anlass. Von klassisch bis frech.* Gräfe und Unzer Verlag, München
Hier sind Zitate für jede Stimmung und jede Smalltalk-Situation versammelt, von klassischen bis zu modernen Autoren.

Morris, Desmond: *Körpersignale. Vom Scheitel bis zum Kinn und vom Dekolleté bis zum Zeh.* Heyne Verlag, München
Unterhaltsame und einprägsame Einführung in die Körpersprache, die auf eindimensionale Deutungen verzichtet.

Morrison, Terri/Conaway, Wayne A./Borden, George A.: *Kiss, Bow or Shake Hands. How to Do Business in Sixty Countries.* Adams Media Corporation, Holbrook, Massachusetts
Wie alle neuere, umfassende interkulturelle Literatur ist auch dieser übersichtliche Ratgeber in englischer Sprache. Alles, was Sie wissen müssen: von Protokoll über Kommunikation bis zu politischen, ökonomischen und kulturellen Hintergründen.

Mühlen Achs, Gitta: *Wer führt? Körpersprache und die Ordnung der Geschlechter.* Verlag Frauenoffensive, München
Anhand von Alltagsbeobachtungen und wissenschaftlichen Untersuchungen macht die Autorin die alte Geschlechterordnung transparent und zeigt Ihnen, wie Sie Ihre individuelle Freiheit gestalten können.

Naumann, Frank: *Die Kunst der Diplomatie*. Rowohlt Taschenbuch Verlag, Reinbek
Zwanzig Gesetze führen in die Kunst der sanften Sieger ein. Sie lernen auf leichte Art, wie Sie Gegenwehr vermeiden und umgehen.

Scheler, Uwe: *Erfolgsfaktor Networking*. Piper Verlag München
Das Buch zeigt Ihnen, wie Sie ein tragfähiges Netzwerk aufbauen und Beziehungsintelligenz entfalten.

Schulz von Thun, Friedemann: *Miteinander reden. Bände 1 – 3*, Rowohlt Taschenbuch Verlag, Reinbek
Der Klassiker unter den Handbüchern zur Kommunikation, auf den niemand verzichten kann. Für alle Lebenslagen und alle Themen.

Seiwert, Lothar/Gay, Friedbert: *Das neue 1 x 1 der Persönlichkeit*. Gräfe und Unzer Verlag, München
Dieses Buch der Bestseller-Autoren führt praxisorientiert und anschaulich in das DISG®-Modell der Persönlichkeit ein und hilft, sich und andere leichter einzuschätzen.

Hinweis

Die Beiträge in diesem Buch sind sorgfältig recherchiert und entsprechen dem aktuellen Stand.
Abweichungen, beispielsweise durch seit Drucklegung geänderte Preise, Gebühren, Anlageentwicklungen, WWW-Adressen etc., sind nicht auszuschließen.
Weder Autor noch Verlag können für eventuelle Nachteile oder Schäden, die aus den im Buch gegebenen praktischen Hinweisen resultieren, eine Haftung übernehmen.

GRÄFE UND UNZER VERLAG, Redaktion Leben & Lernen
Grillparzerstr. 12
81675 München

Programmleitung: Steffen Haselbach
Leitende Redaktion: Anita Zellner
Redaktion: Esther Szolnoki
Lektorat: Andreas Kobschätzky
Titelfoto: Kurt Paulus
Umschlag und Gestaltung: independent Medien-Design
Herstellung: Maike Harmeier
Satz: Filmsatz Schröter, München
Repro: Penta Repro, München
Druck und Bindung: Druckerei Auer, Donauwörth
ISBN: 3-7742-6949-1

Aufl.	5	4	3	2	1
Jahr	2009	08	07	06	05

GRÄFE UND UNZER

Ein Unternehmen der
GANSKE VERLAGSGRUPPE